この本の特色としくみ

本書は，中学3年間のすべての内容を3段階のレベルに分けて取り組むことができる，ハイレベルな問題集です。各単元にはStepA（標準問題）とStepB（応用問題）があり，各章には複数の単元内容をまとめたStepC（難関レベル問題）があります。

StepAを通して単元内容のポイントを確認し，さまざまな出題形式を盛り込んだStepBに取り組むことで，解き方や答え方の理解をさらに深めていくことができます。また，StepCや，巻末の「総合実力テスト」を用いて実戦力を身につけていくことで，入試対策へと繋げていくこともできます。

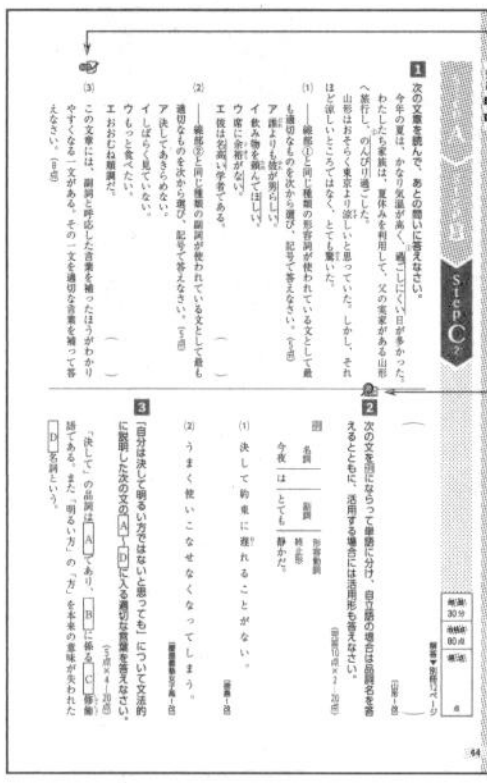

記述　記述形式の問題につけています。

難　難度が高い問題につけています。

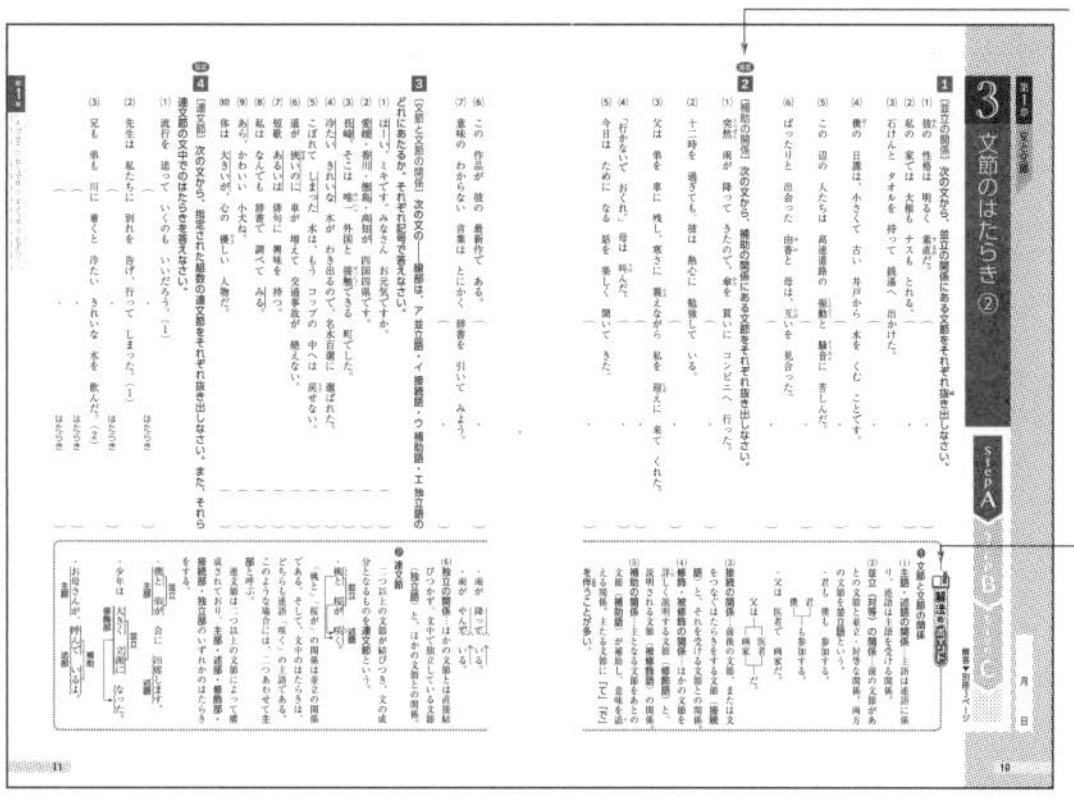

重要　特に重要な問題につけています。

解法のポイント　StepAの下段に重要なポイントをまとめています。

CONTENTS 目次

第1章 文と文節
1 文・文節・単語 …… 2
2 文節のはたらき ① …… 6
3 文節のはたらき ② …… 10
StepC ① …… 14
StepC ② …… 16
第2章 品詞のはたらき
4 単語の種類と品詞 …… 18
5 名　詞 …… 22
6 副詞・連体詞 …… 26
7 接続詞・感動詞 …… 30
8 動　詞 …… 34
9 形容詞・形容動詞 …… 38
StepC ① …… 42
StepC ② …… 44
10 助　詞 …… 46
11 助動詞 …… 52
12 まぎらわしい語の識別 ① …… 56
13 まぎらわしい語の識別 ② …… 60
StepC ③ …… 64
第3章 敬　語
14 敬語の種類 …… 66
15 敬語の使い方 …… 70
StepC …… 74
第4章 文語のきまり
16 文節の関係・動詞 …… 76
17 形容詞・形容動詞・音便形 …… 80
18 助動詞・助詞・係り結び …… 84
19 まぎらわしい語の識別 …… 88
StepC ① …… 92
StepC ② …… 94
総合実力テスト 第1回 …… 96
総合実力テスト 第2回 …… 98
総合実力テスト 第3回 …… 100
総合実力テスト 第4回 …… 102

本書に関する最新情報は，小社ホームページにある**本書の「サポート情報」**をご覧ください。（開設していない場合もございます。）
なお，この本の内容についての責任は小社にあり，内容に関するご質問は直接小社におよせください。

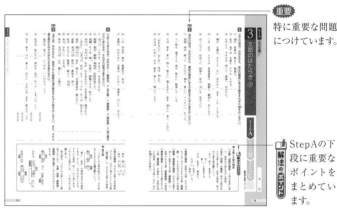

1 文・文節・単語

Step A　Step B　Step C

月　日

解答▼別冊1ページ

1 〔文〕次の文章はいくつの文から成り立っているか。文末に句点を補い、漢数字で答えなさい。

第一に内供《ないぐ》の考えたのは、この長い鼻を実際以上に短く見せる方法であるこれは人のいないときに、鏡へ向かって、いろいろな角度から顔を映しながら、熱心に工夫を凝《こ》らして見たどうかすると、顔の位置を換えるだけでは、安心ができなくなって、頬杖《ほおづえ》をついたりあごの先へ指をあてがったりして、根気よく鏡をのぞいて見ることもあったしかし自分でも満足するほど、鼻が短く見えたことは、これまでにただの一度もない時によると、苦心すればするほど、かえって長く見えるような気さえした内供は、こういうときには、鏡を箱へしまいながら、いまさらのようにため息をついて、不承不承にまた元の経机へ、観音経《かんのんきょう》をよみに帰るのである

（芥川龍之介《あくたがわりゅうのすけ》「鼻」）

（　　）

重要 **2** 〔文節と単語〕次の文は、いくつの文節から成り立っているか。また、いくつの単語から成り立っているか。それぞれ漢数字で答えなさい。

(1) 受験生である私の妹は、息抜《いきぬ》きにバドミントンをしているようだ。

文節（　　）　単語（　　）

(2) 傘《かさ》立てに立てておいた傘を差そうとしたところ、折れているのに気が付いた。

文節（　　）　単語（　　）

〔栄東高－改〕

3 〔複合語・接頭語・接尾語〕次の文から複合語、もしくは接頭語・接尾《せつび》語のついた単語を、それぞれ記入欄《らん》の数だけ抜《ぬ》き出しなさい。

解法のポイント

❶ 文・文節・単語

(1) **文**…一つのまとまった意味・考えなどを表した、句点（。）までの一続き。

(2) **文節**…意味がわかる最小の単位。一文節は自立語（それ自体に意味をもつ語）、または自立語＋付属語（意味を添《そ》える語）からなる。意味の最小単位であるから、**一文節には一つの自立語しかない**。

(3) **単語**…言葉として成り立つ最小単位。

❷ 単語の種類

(1) **自立語**…単独で文節を作れる。

・父が｜昨日｜ひまわりを｜植えた。

(2) **付属語**…単独で文節を作れず、主に自立語について意味を添え、文節の一部となる。

・父が｜昨日｜ひまわりを｜植えた。

(3) **複合語**…二つまたはそれ以上の単語が結びついてできた単語。**複合語は一つの単語として**扱《あつか》う。

・携帯《けいたい》電話（携帯＋電話）、走り続ける（走る＋続ける）

・健一は誰《だれ》もいなくなった座敷《ざしき》の真ん中に立ち尽《つ》くしていた。
・祖父は町の活動写真館で働いていた当時のことをよく話してくれる。
・彼女《かのじょ》のまごころのこもった献身《けんしん》ぶりにみんなが感動した。
・正之《まさゆき》に会うのは三十年ぶりなので、懐《なつ》かしさで胸が一杯《いっぱい》になった。

複合語（　　）（　　）　接頭語（　　）（　　）
接尾語（　　）（　　）（　　）

4 〔主語〕次の文の――線部に対応する主語を抜き出しなさい。

しずくは、雪からは清純さを、太陽からは生命を与《あた》えられ、機が熟すると次から次へと雪の塊《かたまり》を離《はな》れていく。

（　　）〔新潟〕

5 〔述語〕次の文の――線部に対応する述語を一文節で抜き出しなさい。

克久《かつひさ》が数分の間に経験したことは、大人が混乱の中から人を救い上げるのは、うれしさを伴《ともな》った信頼《しんらい》感の表明以外の何ものでもないということだった。

（　　）〔鳥取―改〕

6 〔修飾語〕次の文の――線部が修飾《しゅうしょく》している言葉として最も適切なものを、それぞれあとから選び、記号で答えなさい。

(1) いまはまだかろうじて西の空に夕日が残っているが、あとしばらくすれば、それも見えなくなってしまうだろう。

ア 西の　イ 空に　ウ 夕日が　エ 残っているが

（　　）〔和歌山〕

(2) 万一、地球上の生態系がずたずたになり、人間が生きていけないような環境《かんきょう》になってもバクテリアは存在しているでしょう。

ア 地球上の　イ 生きていけないような　ウ なっても　エ 存在しているでしょう

（　　）〔愛知〕

(4) **接頭語・接尾語**…単語の先頭、または末尾について意味を添え、その状態で**一単語として扱う**。
・ごはん、お菓子《かし》、ま昼、か細い
・Aさん、彼《かれ》ら、春めく、美しさ

❸ 文の成分

主語、述語、修飾語、接続語、独立語がある。

(1) **主語**…「何（誰《だれ》）が」「何（誰《だれ》）は」などにあたる部分。
(2) **述語**…「どうする」「どんなだ」「何だ」などにあたる部分。
(3) **修飾語**…「何を」「いつ」「どこに」「どんな」などにあたる部分。
(4) **接続語**…前後の文や文節をつなぎ、条件や理由などを表す部分。
・懸命《けんめい》に勉強した。そして合格した。
・懸命に勉強したので、合格した。
(5) **独立語**…感動・応答・呼びかけ・あいさつなどを表す部分。ほかの文節と直接関わりがなく、独立している。
・ああ、素晴《すば》らしい。（感動）
・はい、山本です。（応答）
・もしもし、山本さんのお宅ですか。（呼びかけ）
・おはよう、今日も寒いね。（あいさつ）

Step A
Step B
Step C

時間	25分
合格点	80点
得点	点

月　日

1 次の文章を読んで、あとの問いに答えなさい。

ⓐ今日、妹と同級生の早川さんが県立博物館に行った。そこで、ⓑ昔の人たちのたゆみない努力によって山梨の文化が築かれてきた、ということを知ったそうだ。私も、これから郷土についていろいろ調べてみたい。

記述 (1) ――線部ⓐは主語が二通りに考えられるが、「妹」と「早川さん」の二人が行ったことをはっきりさせるには、どのように書き換《か》えればよいか。――線部ⓐで使われている助詞だけを互《たが》いに入れ替《か》えて答えなさい。(10点)

（　　　　　　　　）

(2) ――線部ⓑについて答えなさい。

① 文節に分けるといくつに分けられるか。漢数字で答えなさい。(7点)　（　　）

記述 ② 「昔の人たちの」を「昔の人たちは」にすると、「山梨の文化が築かれてきた」の部分はどのように書き換えればよいか。「昔の人たちはたゆみない努力によって」に続けて答えなさい。(10点)

（　　　　　　　　）

〔山梨―改〕

2 次の文の――線部が修飾《しゅうしょく》している言葉を、それぞれ一文節で抜《ぬ》き出しなさい。(7点×2―14点)

解答▼別冊1ページ

(1) そのとき、僕《ぼく》は一度起きたことはもう償《つぐな》いのできないものだということを思い知った。　（　　）〔福島―改〕

(2) 東の空が朝の光に明けてくるとき、まっさらな新しい一日が始まります。　（　　）〔茨城―改〕

重要 3 次の文の――線部が修飾している言葉として最も適切なものを、それぞれあとから選び、記号で答えなさい。(7点×3―21点)

(1) 私は更に注意を指先に集中して再びその音を探《さぐ》り当てた。

ア 指先に　イ 集中して　ウ 音を　エ 探り当てた　（　　）〔北海道〕

(2) もし今後ビニールが他の材料にかわれば、また名称《めいしょう》をかえなければならないだろう。

ア ビニールが　イ かわれば　ウ また　エ かえなければ　（　　）〔埼玉〕

(3) たしかにいまの社会はタテ割りの軸《じく》で切った上位の人たちが指導的地位を占《し》めている。

ア 社会は　イ 切った　ウ 上位の　エ 占めている　（　　）〔秋田―改〕

4 校内放送でゴミ拾い活動について連絡《れんらく》することになった。Aは【連絡内容のメモ】、Bはそれをもとに放送委員が行った実際の【アナウンス】である。これらを読んで、あとの問いに答えなさい。

A【連絡内容のメモ】

来週月曜日の全校ゴミ拾い活動について
・五校時の予鈴《よれい》までに生徒玄関前に整列（昼休み中に着替え完了《かんりょう》）
・各自運動着・軍手を持参
・保健委員にゴミ袋を配るので一時に用具室前に集合
・雨天延期（五・六校時の授業）
・予報は曇《くも》り後雨（雨が降りそうだったら授業道具も準備）

B【アナウンス】

これから、来週月曜日の全校ゴミ拾い活動について連絡します。

来週月曜日の午後は、全校ゴミ拾い活動を行います。なので、各自運動着と軍手を持参してください。①着替えは昼休み中に完了しましょう。五校時の予鈴までに整列してください。場所は生徒玄関前です。くれぐれも運動着と軍手を忘れないようにしましょう。

また、②各クラスの保健委員にゴミ袋を配ります。保健委員は一時に用具室前に集合してください。

なお、雨天の場合、ゴミ拾い活動は延期します。そして、午後は五・六校時の授業を行います。予報によると、今のところ月曜日の天気は曇りのち雨です。③もしも雨が降りそうだったら、五・六校時の授業道具を準備してきてください。

---

(1) Bの【アナウンス】で接続語として用いられている言葉から、適切でない一語を抜き出しなさい。（7点）
（　　　）

(2) Aの【連絡内容のメモ】の中で「授業道具も」となっていた部分を、Bの【アナウンス】で「授業道具を」と放送したことによって、連絡内容はどう受け取られるおそれがあるか。□に入る助詞を一語で答えなさい。（7点）

月曜日の朝、雨が降りそうな天気だった場合、授業道具□持ってこない生徒が出てくる。
（　　　）

(3) ――線部①を例にならって文節に分けなさい。（完答10点）

例　公園の｜桜が｜咲《さ》いた。

着替えは昼休み中に完了しましょう。
（　　　）

(4) ――線部②はいくつの単語から成り立っているか。漢数字で答えなさい。（7点）
（　　　）

(5) ――線部③が修飾している言葉を、一文節で抜き出しなさい。（7点）
（　　　）

〔青森―改〕

2 文節のはたらき①

Step A　Step B　Step C

月　日

解答▼別冊2ページ

1 〔基本文型〕次の文は下段「解法のポイント」❶基本文型のA〜Cのどれにあたるか。最も適切なものをそれぞれ選び、番号で答えなさい。

① 先生はいつもゆっくりと教室へ来られる。（　　）
② 春の日差しがぽかぽかと暖かい。（　　）
③ 僕《ぼく》も妹も先を急いだ。（　　）
④ 木の陰《かげ》から見え隠《かく》れするのが琵琶湖《びわこ》だよ。（　　）
⑤ 弟は誰《だれ》に対してもとても親切だ。（　　）
⑥ この時期に雨が続くのは、珍《めずら》しい。（　　）
⑦ 僕が描《か》いた絵を、妻は人前でとてもほめた。（　　）
⑧ 翼《つばさ》よ、あれがパリの灯《あかり》だ。（　　）
⑨ 空腹だったので、出された食事を僕は全部平らげた。（　　）

2 〔主語〕次の文の主語を、それぞれ一文節で抜《ぬ》き出しなさい。

(1) 将来に対する私の考えは少しずつ変化しはじめた。（　　）〔高知〕
(2) 青い朝顔の花が露《つゆ》を含《ふく》んでひっそりと咲《さ》いている。（　　）〔埼玉－改〕

重要
3 〔主語〕次の文から、主語のはたらきをしているものをそれぞれ一文節ですべて抜き出しなさい。

(1) この　問題は、僕が　できたから、君にも　できるさ。（　　）
(2) 彼《かれ》は　規則すら　守れずに　先生に　叱《しか》られた。（　　）
(3) 子どもすら　静かなのに、彼だけが　騒《さわ》いでいた。（　　）

解法のポイント

❶ 基本文型

A 何（誰）が（は・も）＋どうする。
・犬が　走る。（動作）

B 何（誰）が（は・も）＋どんなだ。
・桜が　美しい。（状態）
・彼女は　優《やさ》しい。（性質）

C 何（誰）が（は・も）＋何だ。
・妹も　高校生だ。

❷ 注意する主語

助詞「が」「は」「も」がついている文節だけが主語となるわけではない。また「は」や「も」がついている文節でも、主語になるものとならないものがある。

次の助詞に注意。（○は主語になる場合、×は主語にならない場合）

(1) 中学生だけ参加できる。○
できるだけがんばる。×
(2) 君こそスターだ。○
君を思えばこその忠告。×
(3) 僕の描いた絵。○
僕の本。×

(4) ちゃんと　説明すれば　両親も　わかって　くれるよ。（　　）

(5) 家には　妹しか　いなかった。（　　）

4 〔述部〕次の文の――線部と＝＝線部の関係と同じ関係のものとして、最も適切なものをあとから選び、記号で答えなさい。

彼女《かのじょ》が飼《か》っている猫《ねこ》はとてもかわいらしい。

ア 中庭は数多くの花が咲いていてはなやかだ。

イ 天気が悪かったので車で遊園地へ行った。

ウ 真面目《まじめ》なあなたこそ学級委員にぴったりだ。

エ はるか遠くに見える富士山の姿もすばらしい。

（　　）〔日本大豊山女子高〕

重要

5 〔主語・述語〕次の文について、主語には――線、述語には～～線をそれぞれ該当《がいとう》するものすべてにつけなさい。

(1) 少年時代を　過ごした　郷里は　山間の　小さな　宿場町だ。

(2) 直美《なおみ》は　友達と　別れると、家へは　戻《もど》らずに、直接　ピアノ教室へ　向かった。

(3) 毎朝の　満員電車では、混雑のあまり　身動きも　とれない。

(4) 運動会で　家族に　応援《おうえん》されて　いる　ことを　意識した　弟は　懸命《けんめい》に　走った。

(5) その　パーティーには、たぶん　僕だけ　出席しないだろう。

6 〔修飾語〕次の文の――線部の文節は、ア 連体修飾《しゅうしょく》語・イ 連用修飾語のどちらか。それぞれ記号で答えなさい。

(1) つかまえようと　すると、ひらりと　体を　かわして　逃《に》げた。（　　）

(2) にぶい　爆音《ばくおん》が　しだいに　こちらに　近づいて　くる。（　　）

(3) 冷たい　風が　長い　列を　作って　待って　いる　人々に　吹《ふ》きつける。（　　）

(4) 音楽教室から　合唱の　声が　かすかに　流れて　くる。（　　）

(5) 中学で　仲間と　いっしょに　過ごした　日々を　忘れない。（　　）

---

(4) 妹は二歳《さい》年下だ。○
夏休みは海に行く予定だ。×

(5) 僕しか練習しない。○
仕事しかしない。×

※――線部を「が」に置き換《か》え、判断する。

❸ **連体修飾語と連用修飾語**

(1) **連体修飾語**…体言（名詞）を修飾する語（文節）。

・大きな　森の　小さな　家。

(2) **連用修飾語**…用言（動詞・形容詞・形容動詞）を修飾する語（文節）。

・ようやく　桜が　きれいに　咲いた。

※修飾語によって修飾される（係る）語（文節）を、被《ひ》修飾語という。

❹ **文の構造上の種類**

(1) **単文**…主語と述語の関係が一つだけで成立している文。

(2) **複文**…主語と述語の関係が二つ以上の対等ではない関係で成立している文。

(3) **重文**…主語と述語の関係が二つ以上の対等（並立）な関係で成立している文。

月　日

時間	30分
合格点	80点
得点	点

解答▼別冊2ページ

1 次の文から、——線部に対応する主語をそれぞれ抜《ぬ》き出しなさい。（2点×10—20点）

(1) 選手が　いっせいに　ジャンプした。（　　）
(2) 立ちのぼる　煙《けむり》が　丘《おか》の　上に　見えた。（　　）
(3) 降り続く　長雨で　家の　中が　じっとり　湿《しめ》った。（　　）
(4) 昨日は　欠席したが、今日の　体調は　良好だ。（　　）
(5) 村の　伝統行事の　ことを　祖父が　いろいろと　教えてくれた。（　　）
(6) 木漏《こも》れ日の　光たちが　下草の　上で　踊《おど》って　いる。（　　）
(7) 勝敗は　投手の　腕《うで》に　かかって　いる。（　　）
(8) さざえも　この　地方の　特産です。（　　）
(9) 叔父《おじ》さんは　いつも　部屋の　中で　ぼんやりして　いるか、本を　読んで　いるか　して　いた。（　　）
(10) デパートは　H球団の　優勝による　安売りで　いつになく　ごった返して　いた。（　　）

重要

2 次の文について、連体修飾《しゅうしょく》語には——線を、連用修飾語には══線をつけ、例にならってそれぞれどの文節を修飾しているか答えなさい。（完答3点×5—15点）

例　庭の　桜が　今年は　満開に　咲《さ》いた。

(1) 今度の　休みには　家族で　出かけよう。
(2) きつい　練習を　したのだから、絶対に　負けない。
(3) 船は　ゆっくりと　港を　離《はな》れ、上海《シャンハイ》へ　向かった。
(4) 汽車は　動き出し、乗客が　大きな　歓声《かんせい》を　あげた。
(5) 天気が　回復し、太陽が　ついに　顔を　出した。

3 次の文の——線部は、ア 連体修飾語・イ 連用修飾語・ウ 主語・エ 述語のどれか。それぞれ記号で答えなさい。（2点×15—30点）

(1) 古い城壁《じょうへき》のある丘へ彼《かれ》は登った。（　　）
(2) どこかへ運び去られるまで、像は堀《ほり》のへりに打ち捨てられてあった。（　　）
(3) 鳴り続ける雷《かみなり》も夜にはおさまるだろう。（　　）
(4) 人はなぜ生きるのか、という問いが頭にこびりついて離れない。（　　）

(5) 突然《とつぜん》、強い力で背を突《つ》かれ、前のめりに倒《たお》れた。（　　）
(6) 自分だけが特別にだめな人間のように思われる。（　　）
(7) さまざまな形でしっかりと結びつけられている。（　　）
(8) 他人への優《やさ》しさを自分の感情にすることができる。（　　）
(9) 芸術に絶対的な基準というものはありません。（　　）
(10) しゃにむに働かなければ借金が返せない。（　　）
(11) 想像力は創造力の一つの大切な要素である。（　　）
(12) 自然にリズムが生まれ、呼吸が弾《はず》んできます。（　　）
(13) 日本人のあいさつの仕方もさまざまである。（　　）
(14) 時間を大切にしようと言われて、なかなか素直《すなお》になれない自分に気づいた。（　　）
(15) よくこの公園で、母と弟はひなたぼっこをした。（　　）

4 次の文の――線部の文節に係る修飾語をそれぞれ抜き出しなさい。（3点×5―15点）

(1) 草の　陰《かげ》を　冷たい　水が　小さな　音を　たてて　流れて　いく。（　　）
(2) 庭先に　きらきら　光る　ものが　落ちて　いる。（　　）
(3) 子どもたちも　何度も　先生に　言われて　よく　わかって　います。（　　）
(4) 自分が　知らない　ことに　ついて　知ったかぶりを　するのは　よく　ないね。（　　）
(5) 作文の　推敲《すいこう》を　した。かなり　時間が　かかった。（　　）

重要 5 次の文の――線部の修飾語は、どの文節を修飾しているか。それぞれ被《ひ》修飾語を抜き出しなさい。（2点×10―20点）

(1) ぽっかりと　白い　雲が　青空に　浮《う》かぶ。（　　）
(2) 黒い　犬が　畑の　向こうで　ほえる。（　　）
(3) そこの　小さい　なべを　使って　もらおうと　考えた。（　　）
(4) もし　雨が　降ったら、この　計画を　延期せねば　ならない。（　　）
(5) 明るい　率直な　人柄《ひとがら》に　好感を　いだく。（　　）
(6) ようやく　鉄管が　手に　入ったと　思ったら、今度は　ボルトで　ある。（　　）
(7) 働きかける　社会の　ほうも、社会の　法則に　よって　動いて　います。（　　）
(8) しばらく　三人の　子どもが　玄関《げんかん》の　ほうへ　進むのを、目を　見張って　見送ったが、ようよう　我に　返った。（　　）
(9) いちは　そこに　うずくまって　懐中《かいちゅう》から　書き付けを　出して　まっ先に　いる　与力《よりき》の　前に　すっと　さしつけた。（　　）
(10) もう　一つ　別な　理由が　我々の　沈黙《ちんもく》を　支配して　いるように　私は　思う。（　　）

3 文節のはたらき②

Step A　Step B　Step C

月　日

解答▼別冊3ページ

1 〔並立の関係〕次の文から、並立の関係にある文節をそれぞれ抜《ぬ》き出しなさい。

(1) 彼《かれ》の　性格は　明るく　素直《すなお》だ。　（　・　）

(2) 私の　家では　大根も　ナスも　とれる。　（　・　）

(3) 石けんと　タオルを　持って　銭湯へ　出かけた。　（　・　）

(4) 僕《ぼく》の　日課は、小さくて　古い　井戸から　水を　くむ　ことです。　（　・　）

(5) この　辺の　人たちは　高速道路の　振動《しんどう》と　騒音《そうおん》に　苦しんだ。　（　・　）

(6) ばったりと　出会った　由香《ゆか》と　母は、互《たが》いを　見合った。　（　・　）

重要 **2** 〔補助の関係〕次の文から、補助の関係にある文節をそれぞれ抜き出しなさい。

(1) 突然《とつぜん》　雨が　降って　きたので、傘《かさ》を　買いに　コンビニへ　行った。　（　・　）

(2) 十二時を　過ぎても、彼は　熱心に　勉強して　いる。　（　・　）

(3) 父は　弟を　車に　残し、寒さに　震《ふる》えながら　私を　迎《むか》えに　来て　くれた。　（　・　）（　・　）

(4) 「行かないで　おくれ。」　母は　叫《さけ》んだ。　（　・　）

(5) 今日は　ために　なる　話を　楽しく　聞いて　きた。　（　・　）

解法のポイント

❶ 文節と文節の関係

(1) **主語・述語の関係**…主語は述語に係り、述語は主語を受ける関係。

(2) **並立（対等）の関係**…前の文節があとの文節と並立・対等な関係。両方の文節を**並立語**という。

・君も　僕も　参加する。

君
僕 ─も参加する。

・父は　医者で　画家だ。

父は─ 医者
　　　 画家 ─だ。

(3) **接続の関係**…前後の文節、または文をつなぐはたらきをする文節（**接続語**）と、それを受ける文節との関係。

(4) **修飾・被修飾の関係**…ほかの文節を詳《くわ》しく説明する文節（**修飾語**）と、説明される文節（**被修飾語**）の関係。

(5) **補助の関係**…主となる文節をあとの文節（**補助語**）が補助し、意味を添《そ》える関係。主たる文節に「て」「で」を伴《ともな》うことが多い。

(6) この　作品が　彼の　最新作で　ある。（　　・　　）

(7) 意味の　わからない　言葉は　とにかく　辞書を　引いて　みよう。（　　・　　）

3 〔文節と文節の関係〕次の文の――線部は、ア 並立語・イ 接続語・ウ 補助語・エ 独立語のどれにあたるか。それぞれ記号で答えなさい。

(1) はーい、ミキです。みなさん　お元気ですか。（　　）

(2) 愛媛・香川・徳島・高知が　四国四県です。（　　）

(3) 長崎、そこは　唯一《ゆいいつ》　外国と　接触《せっしょく》できる　町でした。（　　）

(4) 冷たい　きれいな　水が　わき出るので、名水百選に　選ばれた。（　　）

(5) こぼれて　しまった　水は、もう　コップの　中へは　戻《もど》せない。（　　）

(6) 道が　狭《せま》いのに　車が　増えて　交通事故が　絶えない。（　　）

(7) 短歌　あるいは　俳句に　興味を　持つ。（　　）

(8) 私は　なんでも　辞書で　調べて　みる。（　　）

(9) あら、かわいい　小犬ね。（　　）

(10) 体は　大きいが、心の　優《やさ》しい　人物だ。（　　）

重要

4 〔連文節〕次の文から、指定された組数の連文節をそれぞれ抜き出しなさい。また、それら連文節の文中でのはたらきを答えなさい。

(1) 流行を　追って　いくのも　いいだろう。（1）

（　　　・　　　）はたらき（　　）

(2) 先生は　私たちに　別れを　告げ、行って　しまった。（1）

（　　　・　　　）はたらき（　　）

(3) 兄も　弟も　川に　着くと　冷たい　きれいな　水を　飲んだ。（2）

（　　　・　　　）はたらき（　　）

（　　　・　　　）はたらき（　　）

・雨が　降って　いる。

・雨が　やんで　いる。

(6) **独立の関係**…ほかの文節とは直接結びつかず、文中で独立している文節（独立語）と、ほかの文節との関係。

❷ 連文節

二つ以上の文節が結びつき、文の成分となるものを**連文節**という。

・桃《もも》と　桜が　咲《さ》く。
並立　述語

「桃と」「桜が」の関係は並立の関係である。そして、文中のはたらきは、どちらも述語「咲く」の主語である。このような場合には、二つあわせて**主部**と呼ぶ。

連文節は二つ以上の文節によって構成されており、**主部・述部・修飾部・接続部・独立部**のいずれかのはたらきをする。

・僕と　弟が　会に　出席します。
並立　主部　述語

・少年は　大きく　立派に　なった。
並立　修飾部

・お母さんが、呼んで　いるよ。
主語　補助　述部

Step A
Step B
Step C

重要

1

次の文には、あとのア〜エの――線部と同じはたらきをする文節が含《ふく》まれている。それぞれどのはたらきをする文節が含まれているか、記号で答えなさい。（2点×10―20点）

(1) 英語を　教えて　あげる。（　　）

(2) ひとしきり　猛烈《もうれつ》に　ふぶいたけれど、もう　晴れ間が　見える。（　　）

(3) ああ、もう　すぐ　風呂《ふろ》から　あがるよ。（　　）

(4) 彼《かれ》は　誰《だれ》にでも　笑顔で　元気に　接する。（　　）

(5) 重苦しく、暗く、寒い　冬が　やっと　去った。（　　）

(6) 新聞？　そこに　あるよ。（　　）

(7) F先生は　とても　親切に　教えて　くださる。（　　）

(8) 空は　晴れた。しかし、風が　強い。（　　）

(9) 猫《ねこ》の　出入り口の　ために　戸を　少し　開けて　おく。（　　）

(10) 五月五日、それは　「子どもの　日」だ。（　　）

ア いいえ、僕《ぼく》は　五時には　下校しました。

イ 家の　宝物は　蔵の　奥《おく》に　大切に　しまって　ある。

ウ 性格は　明るく　素直《すなお》だ。

エ 音楽・絵画、すなわち、芸術に　興味が　ある。

2

次の文の――線部と同じはたらきをする文節に――線が引かれている文をあとから五つ選び、記号で答えなさい。（3点×5―15点）

早く行かないと、ゲームが終わってしまう。

ア 人間はいつごろからこうした建造物を造りはじめたのか。

イ ああ、愛する木々よ。

ウ 美しい森、美しい並木をつくってくれ。

エ 台風が近づいていた。それで、登山の計画を変更した。

オ 思い返すとあっという間に卒業してしまった気がする。

カ 京都・奈良は、日本の代表的古都である。

キ 作品の作者名ならびに成立年代を答えなさい。

ク そんなに謝《あやま》るなら、今回は許してあげよう。

ケ 冬になると、五時半ごろはもう真っ暗である。

コ 困っているのに誰も知らん顔だ。

サ 妹と歌いながら野道を歩いたころが懐《なつ》かしい。

シ 科学者でも芸術家でもないとしたら何だろう。

ス さしあたりこれで間に合わせておこう。

セ その程度のことは小学生でも知っている。

（　・　・　・　・　）

重要

3

次の文から、補助の関係にある文節を例にならってそれぞれ抜《ぬ》き出しなさい。（完答2点×8―16点）

例 アリが飴《あめ》にむらがっている。（むらがって・いる）

(1) どうか私に見せてください。（　・　）

時間 30分
合格点 80点
得点 　点

解答▼別冊3ページ

月　日

(2) できるかどうか試してみよう。（　・　）

(3) 何をしてもおもしろくない。（　・　）

(4) このあたりで止めてほしい。（　・　）

(5) ここまでが自分の体力の限界である。（　・　）

(6) 絵を描《か》いてあげる。（　・　）

(7) ファイルにまとめてしまっておく。（　・　）

(8) 友達のノートを見せてもらう。（　・　）

4

次の文から、接続語の文節、または独立語の文節をそれぞれ抜き出しなさい。(2点×7—14点)

(1) はい、これからがんばります。（　　）

(2) 書いたのだが、自信は全くないといってよい。（　　）

(3) 暖かい日が続いた。それで、桜の開花が早くなった。（　　）

(4) こんにちは、だんだん寒くなってきましたね。（　　）

(5) 騒々《そうぞう》しいので、目が覚めた。（　　）

(6) おや、そこで何をしているの。（　　）

(7) ふん、そんなこと知るものか。（　　）

5

次の文章を読んで、主語と述語の対応が適切でない文を二つ探し、それぞれ初めの三字を答えなさい。(完答8点)

私は今、「総合的な学習の時間」で大分県の方言について調べています。このテーマにした理由は、小学生の時に、花田先生が方言について話してくださり、とても面白いと思ったことが理由です。その後、調査を進めていく中で知ったことは、先生が大分県南部の方言について資料を作成されていました。そこで、突然《とつぜん》の依頼《いらい》で申し訳ありませんが、調査の参考にするために、その資料を一部送っていただけないでしょうか。

〔大分—改〕

□□□・□□□

6

次の文の——線部①〜⑨の連文節のはたらきについて、それぞれ答えなさい。(3点×9—27点)

・①私の知っている田中君は、そんな人ではなかった。

・②多くの貧しい人々が列を作り、配給を受けるために並んでいる。

・私たち全員が、③厳しい暑さの中で、④働いている。

・人類は、⑤広い範囲《はんい》でお互《たが》いに交流を⑥繰《く》り返してきた。

・⑦雨さえ降らなければ、予定通り遠足に行けたのに。

・戦前、⑧古本屋で買った英語の辞典を、まだ持っています。

・クラスの中では、⑨栗原《くりはら》と石原だけA高校に合格した。

①（　　）　②（　　）　③（　　）

④（　　）　⑤（　　）　⑥（　　）

⑦（　　）　⑧（　　）　⑨（　　）

Step A Step B Step C ①

時間 30分
合格点 80点
得点 点

月 日

1 次の文を例にならって文節に分けなさい。（6点）

例 鳥が鳴く。（鳥が｜鳴く。）

半纏《はんてん》はいつ作られたものだろう。

（　　　　）〔石川－改〕

2 次の文章の――線部に対応する主語を抜《ぬ》き出しなさい。（6点）

日本は昔から、家を建てるための木材や、自動車のタイヤの原料になるゴムをボルネオから輸入してきました。そして今はパーム油という恩恵《おんけい》を受けています。

（　　　　）〔明治大付属中野高－改〕

3 次の文章の――線部の文中でのはたらきとして最も適切なものをあとから選び、記号で答えなさい。（5点）

オランダといえば、北海に面して、砂丘《さきゅう》の発達した国でもある。砂地の農地に運河網《もう》……。これこそチューリップの条件をかなえるのに好都合であった。

ア 主語　イ 述語
ウ 修飾語《しゅうしょく》　エ 接続語

（　　　　）〔埼玉－改〕

重要
4 次の問いに答えなさい。（6点×5―30点）

解答▼別冊4ページ

(1) テープレコーダーがあると安心する。機械が聞いてくれているから、今聞かなくても、いつかこれを聞けば（ア）分かる（イ）、と考える（ウ）。

〔問〕――線部が修飾している言葉を、〜〜線部ア〜ウから一つ選び、記号で答えなさい。

（　　　　）〔山口－改〕

(2) 伝馬船《てんません》で一足先に定航船へ運ばれていくのを見送ったとき、隣《となり》に立っていたミゲルが、ふと、自分もあの荷物のように早く定航船へ乗り込んでしまいたいとつぶやくのを耳にしてから、それが彼《かれ》の本心かもしれないと思うようになった。

〔問〕――線部が修飾している文節を抜き出しなさい。

（　　　　）〔兵庫－改〕

(3) 身の置き場に迷う光景の中に、テープをほどけずにイライラしている光男《みつお》を見付けて、篤義《あつよし》は近付いた。

「かせ！」

乱暴にテープを取り上げてから、がっちりと糊付《のりづ》けされている紙テープの解き口をむしった。

（笹山久三《ささやまきゅうぞう》「四万十川」）

〔問〕――線部が修飾している言葉を一文節で抜き出しなさい。

（　　　　）〔福井－改〕

(4) 今、千三百年たった法隆寺《ほうりゅうじ》のヒノキの柱と新しいヒノキの柱とでは、どちらが強いかときかれたら、それは新しいほうさ、と答えるにちがいない。（小原二郎《こはらじろう》「日本人と木の文化」）

〔問〕――線部が修飾している文節を抜き出しなさい。

（　　）〔徳島－改〕

(5) ある日川岸を歩いていて私は自分の釣《つ》りに急に息苦しさを感じた日があった。俊敏《しゅんびん》な魚である山女《やまめ》や岩魚《いわな》の釣りは、できるだけ人影《ひとかげ》をア隠《かく》して魚のイいそうなポイントをウ探《さぐ》るようにエ釣り歩いていく。（内山節《うちやまたかし》「自然と人間の哲学《てつがく》」）

〔問〕――線部が修飾している言葉を、〰〰線部ア～エから一つ選び、記号で答えなさい。

（　　）〔神奈川－改〕

5

次の文の――線部「持って」と「くる」の関係の説明として、最も適切なものをあとから選び、記号で答えなさい。（5点）

海外では、どこの国のレストランや喫茶店《きっさてん》に入っても、日本のようにウェイトレスがだまってコップの水を持ってくるところはない。

ア 主語・述語の関係
イ 並立の関係
ウ 修飾・被修飾《ひ》の関係
エ 補助の関係

（　　）〔三重－改〕

重要

6

次の文について、あとの問いに答えなさい。

・①昔の子供が大切にもっていたのは、男の子は黒の、女の子は牡丹《ぼたん》色の、どれも同じような木綿の傘《かさ》であった。
・梅雨時の雨間に、②傘もたずに学校に出てしまった日、午後から雨になったりすると、母親たちは子供の傘をもって、急いで学校まで③迎《むか》えに来た。（馬場《ばば》あき子《こ》「季節のことば」）

(1) ――線部①を文節に分けた場合、補助の関係にある文節を二組抜き出しなさい。（完答4点×2―8点）

（　・　）（　・　）

(2) ――線部②を文節に分けた場合と単語に分けた場合、それぞれいくつに分けられるか。漢数字で答えなさい。（6点×2―12点）

文節（　）単語（　）

(3) ――線部③に対応する主語を抜き出しなさい。（7点）

（　　）〔江戸川学園取手高－改〕

7

次の文を例にならって文節に分け、自立語には――線を、付属語には═線をつけなさい。（完答7点×3―21点）

例 ある｜日の｜夕暮れの｜ことで｜ある。

(1) 私は原稿《げんこう》用紙を前にすると緊張《きんちょう》する。

(2) 四季の中でどの季節がいちばん好きですか。

(3) 母にまごころのこもった贈《おく》り物をする。

Step A　Step B　Step C②

解答▼別冊4ページ

時間 30分　合格点 80点　得点　　点

月　　日

1 次の文章はいくつの文から成り立っているか。文末に句点を補い、漢数字で答えなさい。（8点）

その日、私は夕食の一時間の休みを省いて午後の四時から夜の十時までたっぷり五時間も出汁《だし》巻きを作り続けた一箱分の卵は見る見る底をついたふぐ刺《さ》し用の大皿には大量の出汁巻きの失敗作がうずたかく積み上げられ、流しには大量の卵の殻《から》が散乱したそして台所中に出汁巻きの甘い香《かお》りと焦《こ》げ臭《くさ》い匂《にお》いが入り混じって充満した

（藤原新也《ふじわらしんや》「名前のない花」）

（　　）

2 次の文章を読んで、あとの問いに答えなさい。（7点×5―35点）

余暇《よか》における①楽しさが、②いつも③自分や社会を高め、進歩させることにつながっているかどうかということである。つまり、わたしたちは、お互《たが》いに、何を実現するために生きているのか、そのためには④どのような自分を、社会との関係において育てていくべきかを考えることによって、生きがいを絶えず発見していくような努力を重ねる生活の中で、余暇は、ほんとうにわたしたちのものになっていくⓐにちがいない。

次に問題にしたいのは、労働に対する正しい考え方をⓑ同時に追求する必要があるということである。ⓒなぜならば、労働もまた生き方の問題に深くかかわってくるからである。余暇と労働とは、ともに生活時間の重要な部分として切り離《はな》せない関係にある。わたしたちは遊ぶためにだけ生まれたのではないし、働くためにだけ生きているわけでもない。余暇にだけ生きがいを感じて、働くことをおざなりにしている限り、ⓓその余暇も⑤また、受け身に立たされざるを得ないことになるのである。したがって、その労働が生きがいの感じられるものでなければならない。

(1) ――線部①に対応する述語として最も適切なものを次から選び、記号で答えなさい。

ア いつも　イ 進歩させることに

ウ つながっているかどうかと　エ いうことである

（　　）

(2) ――線部②が係る言葉として最も適切なものを次から選び、記号で答えなさい。

ア 楽しさが　イ 自分や社会を

ウ つながっているかどうかと　エ いうことである

（　　）

(3) ――線部③は「自分や」と「社会を」の二文節でできている。この二つの文節の関係と同じ関係のものとして最も適切なものを次から選び、記号で答えなさい。

ア 絶えず発見していく　イ 余暇と労働とは

ウ 余暇もまた、受け身に　エ 労働が生きがいの

（　　）

(4) ——線部④が係る言葉として最も適切なものを次から選び、記号で答えなさい。

ア 育てていくべきかを　イ 考えることによって
ウ 発見していくような　エ 努力を重ねる

（　　）

(5) ——線部⑤と同じ性質・はたらきの文節として最も適切なものを～～線部ⓐ～ⓓから選び、記号で答えなさい。

（　　）

3

次の文の——線部の文節の関係として最も適切なものを、それぞれあとから選び、記号で答えなさい。（4点×3—12点）

(1) 彼《かれ》はちょっと考えただけで、すぐに仕事に戻《もど》っていった。
(2) 何でも経験だと思って、やってみる。
(3) 彼女《かのじょ》こそ舞台《ぶたい》の主役に適任だ。

ア 主語と述語の関係　イ 連用修飾語と被連用修飾語の関係
ウ 連体修飾語と被連体修飾語の関係　エ 並立の関係
オ 補助の関係

(1)（　　）(2)（　　）(3)（　　）

〔大阪女学院高〕

4

次の文を文節に分けるといくつになるか。漢数字で答えなさい。（6点）

鳥が山から庭の木に飛んで来た。

（　　）

〔岡山—改〕

重要

5

次のA・Bの文章を読んで、あとの問いに答えなさい。

【A】①ひとは食べずには生きていけない。そして食べるためには、食べるものを作らなければならない。狩猟《しゅりょう》民や採集民にしても、獲物《えもの》や採集物を、調理もせずに食べるのはまれであろう。調理は、人間生活におけるもっとも基礎《きそ》的な行動であることは疑いない。②火がしばしば文明の象徴《しょうちょう》とされるのも、おそらくそういう理由からであろう。

【B】が、③この調理といういとなみに、奇妙《きみょう》なことが起こっている。独身のひとたちに限らず、④料理をしないひとが増えてきたというのは、正確な数字情報はもっていないが、コンビニエンス・ストアやデパートの地下の食料品売り場、あるいは夜の居酒屋などの風景を見るかぎり、どうもたしかな事実のようである。

（鷲田清一《わしだきよかず》「悲鳴をあげる身体」）

(1) ——線部①・②を例にならって文節に分けなさい。また、——線部③を単語に分けなさい。（完答8点×3—24点）

例 公園の｜桜が｜咲いた。

① ひとは食べずには生きていけない。

② 火がしばしば文明の象徴とされるのも、おそらくそういう理由からであろう。

③ この調理といういとなみに、奇妙なことが起こっている。

(2) 並立の関係である文節を、【A】から二組抜き出しなさい。（完答4点×2—8点）

（　　・　　）（　　・　　）

(3) ——線部④に対応する述語を二文節で抜き出しなさい。（7点）

（　　）

4 単語の種類と品詞

月　日

解答▼別冊5ページ

1 〔自立語と付属語〕次の文の自立語には――線を、付属語には＝＝線を右側につけなさい。

(1) 明日は　最後の　試合だから、必ず　勝ちたい。
(2) これが　この　店で　いちばん　大きい　サイズです。
(3) どんな　ときでも　ごはんだけは　しっかり　食べるよ。
(4) 彼女《かのじょ》の　素敵《すてき》な　笑顔に　いつも　癒《いや》される。
(5) もしもし、中村さんの　お宅ですか。

2 〔活用する自立語〕次の単語から活用する自立語を五つ選び、記号で答えなさい。

ア 世界　イ いれる　ウ 優《やさ》しい　エ 楽しさ　オ そして
カ 彼《かれ》ら　キ 元気だ　ク その　ケ 研究する　コ 確かさ
サ 辞める　シ やっと　ス ここ　セ だから　ソ 少ない

（　　・　　・　　・　　・　　）

重要 **3** 〔品詞〕次の単語の品詞をそれぞれあとから選び、記号で答えなさい。

(1) マンション　(2) 晴れる　(3) 静かだ　(4) しかし　(5) おやおや
(6) その　(7) 暖かい　(8) 若さ　(9) きっと　(10) ばかり
(11) しっかり　(12) ようだ　(13) あらゆる　(14) 多い　(15) 待つ

ア 名詞　イ 副詞　ウ 連体詞　エ 動詞　オ 形容詞　カ 形容動詞
キ 接続詞　ク 感動詞　ケ 助動詞　コ 助詞

(1)（　）(2)（　）(3)（　）(4)（　）(5)（　）
(6)（　）(7)（　）(8)（　）(9)（　）(10)（　）
(11)（　）(12)（　）(13)（　）(14)（　）(15)（　）

解法のポイント

❶ **単語の種類と品詞**

単語は、①自立語か付属語か、②活用の有無、③文中でのはたらきによって、十種類に分類することができる。これらを品詞という。
※代名詞を名詞から独立させ、十一種類に分類されるという考え方もある。

(1) **自立語と付属語**
○**自立語**…名詞（代名詞）・副詞・連体詞・動詞・形容詞・形容動詞・接続詞・感動詞
○**付属語**…助詞・助動詞

(2) **活用する語**…自立語のうち用言（動詞・形容詞・形容動詞）、付属語のうち助動詞は活用がある。

❷ **各品詞の文中での主なはたらきと性質**

(1) **名詞**（**体言**）…主語になる。物事の名称《めいしょう》を表す。
例 山、大阪、二時

(2) **副詞**…主語にも述語にもならない。

4 〔活用しない自立語〕次の文章の――線部ア〜スから活用しない自立語を五つ選び、記号で答えなさい。

なにを美しいとし、なにを醜《みにく》いものと感じるか、私たちはふだん、ものの美醜《びしゅう》を見わける感覚を、無意識のうちに働かせています。その感覚は、生まれつき持ち合わせた先天的な感受性のように思われますが、しかし、じつをいうと、そうした感受性というものは、その人間が、その民族が、長い歳月《さいげつ》をかけて徐々《じょじょ》に培《つちか》ってきたものにほかなりません。ですから自分の生まれ育った環境《かんきょう》によって、人間の美感は異なり、民族によって美醜の意識はかけちがってしまうのです。

（森本哲郎《もりもとてつろう》「日本人の感性について」）

（　・　・　・　・　）

5 〔活用する自立語〕次の文から活用する自立語を抜《ぬ》き出しなさい。

・次に　私と　会う　ときには、頼《たの》んだ　ものを　忘れずに　持って　きてね。

（　・　・　・　・　）

6 〔付属語〕次の文章の――線部ア〜スから付属語を五つ選び、記号で答えなさい。

「杏《あん》もコーヒー、飲む?」

学校のことなどいっさい聞かずに、いきなりそう言った。コーヒーは大人の飲み物で苦いもの。そう思っていた。でも私はこっくりと頷《うなず》いた。母はさらさらした濃《こ》い茶色の粉をドリッパーに入れ、お湯を注いだ。独特の香りが漂《ただよ》う。思えばあの時の香りに私は魅《み》せられたのかもしれない。

むろん、母はたっぷりのミルクと砂糖を入れることを忘れなかった。

「ちょっぴり、大人になった気分でしょ」

と自分はブラックコーヒーを飲みながら母が言い、私はコーヒーもけっこう美味《おい》しいと思ったものだった。それが、コーヒーというよりは、コーヒー入りのミルクとでもいうべきものであったことも知らずに。

（濱野京子《はまのきょうこ》「その角を曲がれば」）

（　・　・　・　・　）

主に用言を修飾し、連用修飾語になる。

例　もっと、けっして

(3) **連体詞**…主語にも述語にもならない。体言を修飾し、**連体修飾語**になる。

例　この、大きな、たいした

(4) **動詞**…**述語**になる。終止形の語尾は**「ウ段」の音**。

例　歩く、起きる、来る、する

(5) **形容詞**…**述語**になる。終止形の語尾は「い」。

例　美しい、広い

(6) **形容動詞**…**述語**になる。終止形の語尾は「だ」。

例　きれいだ、静かだ

(7) **接続詞**…主語にも述語にもならない。**接続語**の文節を作る。

例　だから、しかし

(8) **感動詞**…主語にも述語にもならない。**独立語**になる。

例　うん、おい、まあ、おはよう

(9) **助詞**…自立語に付属し、意味を添《そ》える。

例　が、は、ても、こそ

(10) **助動詞**…自立語に付属し、意味を添える。

例　だ、れる、たい、ようだ

時間 30分 合格点 80点 得点 点

月 日

解答▼別冊6ページ

重要

1 次の文の――線部①~⑩の品詞名をそれぞれ答えなさい。(2点×10―20点)

・明日①こそ、②本気でがんばる。
・③はい、私が鈴木《すずき》です。
・祖父が大好きだ。④だから、⑤いつでも元気でいて⑥ほしい。
・遊びに行きたかったが、⑦早く宿題を済ませ⑧ようと思い直した。
・⑨若さゆえ苦しみ、若さゆえ悩《なや》む。心の⑩痛みに今宵《こよい》もひとり泣く。

①(　　) ②(　　) ③(　　)
④(　　) ⑤(　　) ⑥(　　)
⑦(　　) ⑧(　　) ⑨(　　)
⑩(　　)

2 次の文章を読んで、あとの問いに答えなさい。

人間は物が飛んでくれば①本能的に②よけるし、③寒くなれば衣服を着る、おなかがすけばご飯を食べる。そういうごく自然とよべる状態は、④どんな文化を⑤通しても変わらないだろうということです。⑥私たちが世界のどこへ行ってもなんとなく生活できるのは、絶対的な人間の条件はどこへ行っても似ているからです。

どんな異なった文化を持った人々の間でも、⑦ある程度共生ができて、ある程度意思が通じるというのは、人間としての共通の属性を持っているから⑧だということがいえます。

ごく自然的なこととして互《たが》いに人間ならばわかりあえる⑨ような、誰《だれ》でも⑩だいたい理解できる形でのこうしたコミュニケーションの段階を「信号的なレベル」とリーチは言っています。

《中略》

⑪そして異文化理解の二つ目の段階は「社会的」レベルです。⑫社会的な習慣とか取り決めを知らないと文化を異にする相手も異社会も理解できないということです。

(青木保《あおきたもつ》「異文化理解」)

(1) ――線部①~⑤から活用しないものを一つ選び、その品詞名も答えなさい。(完答3点)　(　　・　　)

(2) ――線部⑥を文節に分けるといくつになるか。漢数字で答えなさい。(3点)　(　　)

(3) ――線部⑦~⑫の品詞名をそれぞれ答えなさい。(3点×6―18点)

⑦(　　) ⑧(　　) ⑨(　　)
⑩(　　) ⑪(　　) ⑫(　　)

重要

3 次の文に含《ふく》まれる自立語と付属語の数を、それぞれ漢数字で答えなさい。(3点×6―18点)

(1) はい、確かにこの本です。

自立語(　　) 付属語(　　)

(2) 週末の野球場は、いつも多くの観客がやって来る。

自立語(　　) 付属語(　　)

(3) 試験の結果は午後発表する予定です。

自立語（　　）　付属語（　　）

4

次の文章の――線部①～⑰の品詞をそれぞれあとから選び、記号で答えなさい（同じ記号を何度使ってもかまいません）。（1点×17―17点）

①やっぱりだめだ。なにをやっても、②だめなヤツはだめだ。③もうやめ④たくなったし、⑤また泣きたくなって⑥しまった。

「⑦ねえ、三好《みよし》くん」

「……はい」

「グー出すの、やめたの?」

見抜《みぬ》かれた。お姉さんの話を聞いて⑧から、チョキとパーを交互に出していた。

だって……と言いかけたら、お姉さんはそれをさえぎって、

「似合ってないよ」と思いきり⑨そっけなく言った。

⑩熱くなった。今度はまぶたでは⑪なく頬《ほお》が。⑫だって、チョキとパーの⑬ほうが得だから――さえぎられた言葉を言い直そうとして、気づいた。チョキとパーで⑭ちっとも勝てない理由は、⑮一つしかなかった。

じゃんけんをつづけた。グーで勝った。⑯その次もグーで勝った。予感が当たった。試しにチョキを出してみると、あいこ。次にパーを出すと負けた。お姉さんは、チョキしか出してい⑰ない。

（重松清《しげまつきよし》「ぐりこ」）

ア 名詞　イ 副詞　ウ 連体詞　エ 動詞
オ 形容詞　カ 形容動詞　キ 接続詞　ク 感動詞
ケ 助詞　コ 助動詞

①（　）　②（　）　③（　）　④（　）　⑤（　）
⑥（　）　⑦（　）　⑧（　）　⑨（　）　⑩（　）
⑪（　）　⑫（　）　⑬（　）　⑭（　）　⑮（　）
⑯（　）　⑰（　）

5

次の文から活用する自立語を（　）の数だけ抜《ぬ》き出し、それぞれの品詞名を答えなさい。（完答3点×5―15点）

(1) しかし、私の主張はそれだけではない。（1）
（　・　）

(2) この町では、自家発電の電力だけで生活を成り立たせている。（2）
（　・　）
（　・　）

(3) さまざまな生態の動物の標本がある。（2）
（　・　）
（　・　）

6

次の――線部のうち、品詞がほかと異なるものを一つ選び、記号で答えなさい。（6点）

ア 先輩《せんぱい》の、厳しい中にも優《やさ》しさがあるところを見習おう。
イ ルールを破ってしまうことはあるまじきことです。
ウ 事件の発端《ほったん》となった可能性はあるかもしれない。
エ 昔、あるところに銀杏《いちょう》並木の美しい学校がありました。
オ さっきから君が言っていることはよくある話だ。

（　　）

（日本大第二高）

5 名詞

解答▼別冊6ページ

1 〔名詞の識別〕次から名詞を五つ選んで答えなさい。

泳ぐ　しかし　ああ　学校　もっと　東京　歴史
遊び　遊ぶ　ので　こっち　きっと　高い　立派だ

（　・　・　・　・　）

2 〔名詞とほかの品詞の識別〕次から名詞でないものを五つ選んで答えなさい。

頭　気持ち　集合する　博多《はかた》　千年　まるで　雨水
ふんわりと　考える　観測　弟　密林　便利だ　寒さ

（　・　・　・　・　）

3 〔名詞の識別〕次の文章の――線部ア〜ソから名詞を五つ選び、記号で答えなさい。

ア福井はイよく雨がウ降った。

雨が降った日はエ必ず、じいちゃんが学校まで迎《むか》えに来てくれた。

「『オ弁当忘れても傘《かさ》カ忘れるな。』て、いっつも言うとるのによ。」

下駄《げた》箱の前で待っていると、じいちゃんはキいつもそう言いながら、オレのク黄色い傘をケ差し出してくれた。

「給食あるから、弁当いらねーもん。」

舌を出しながら、オレはコそれを受け取る。

「サまったくコイツはぁ。」

じいちゃんは顔のシワを総動員して「カカカ」と笑った。

小学校から家まではシ一キロくらいの距離《きょり》で、ス大通りをひとつセそれるともう、店はソほとんどない。

（日向蓬《ひなたよもぎ》「糸とんぼ」）

（　・　・　・　・　）

解法のポイント

❶ 名詞の性質

(1) 物事の名称《めいしょう》を表す。（別名「体言」）

(2) 自立語で活用がない。

(3) 助詞「が」「は」「も」「こそ」などを伴《ともな》って主語になる。

(4) 助詞「の」を伴って連体修飾《しゅうしょく》語に、助詞「を」「に」「へ」などを伴って連用修飾語になる。

(5) 助動詞「だ」「です」などを伴って述語になる。

❷ 名詞の種類

(1) 普通名詞…一般《いっぱん》的な物事の名称を表す。（例 星、机、会社、野球、平和）

(2) 固有名詞…人名・地名・書名など、ほかのものと区別してただ一つしかない固有の名称を表す。（例 夏目《なつめ》漱石《そうせき》、北海道、富士《ふじ》山、隅田《すみだ》川、阪《はん》神《しん》タイガース、源氏《げんじ》物語）

(3) 数詞…数量・順序・回数などを表す。（例 一、二個、三つ、四本）

重要

4 〔名詞の種類〕次の文章の――線部ア〜テの名詞を、普通《ふつう》名詞・固有名詞・数詞・代名詞に分け、記号で答えなさい。

半年程すると、私(ア)は一人(イ)の協力者を持った。戸石兵吾(ウ)だった。彼《かれ》(エ)はやはり私と同じ中学校(オ)へ通っていたが、毎日(カ)学校から傍目《わきめ》(キ)をふらず真直《まっす》ぐ帰ってくると、私より先に私の家の裏木戸を開け、

「ただいまあ」

と台所の方へひとつ(ク)声を掛《か》けておいて、それからすぐ鳩舎《きゅうしゃ》へと走って行った。

（井上靖《いのうえやすし》「どうぞお先に」）


白球が高く上がる。上がりすぎた打球は、フェンスの手前で力尽《つ》き、ライト(ケ)の守備範囲《はんい》内に落ちていく。一塁《るい》側のスタンド(コ)をため息と悲鳴が覆《おお》う。九回(サ)の裏、ツーアウト、ランナー無し。点差は四(シ)。監督《かんとく》が立ち上がり、審判《しんぱん》に選手交代を告げる。

（あさのあつこ「晩夏のプレイボール」）


高瀬舟《たかせぶね》(ス)は京都(セ)の高瀬川を上下する小舟(ソ)である。徳川時代(タ)に京都の罪人が遠島(チ)を申し渡《わた》されると、本人の親類が牢屋敷《ろうやしき》へ呼び出されて、そこで暇乞《いとまご》いをすることを許された。それから罪人は高瀬舟に載《の》せられて、大阪へ回されることであった。それ(ツ)を護送するのは、京都町奉行の配下にいる同心で、この同心は罪人の親類の中で、おも立った一人を大阪まで同船させることを許す慣例(テ)であった。

（森鷗外《もりおうがい》「高瀬舟」）

普通名詞（　　　　）　固有名詞（　　　　）
数　　詞（　　　　）　代名詞（　　　　）

5 〔転成名詞〕次の単語の転成名詞をそれぞれ答えなさい。

(1) 優《やさ》しい（　　　　）　(2) のどかだ（　　　　）
(3) 走る（　　　　）　(4) 白い（　　　　）
(5) 研究する（　　　　）

---

(4) **代名詞**…物事の名称をいわずに、物事を直接に指し示すもの。
例 私、あなた、彼女《かのじょ》、誰《だれ》、これ、それ、どれ、どこ、あちら、何
※代名詞を名詞と分ける考え方もある。

❸ 注意する名詞

(1) **形式名詞**…それ自身では実質的な意味を表さず、前の連体修飾語（〰〰線部）を受けて、名詞としてのはたらきをする語。（例 言うとおりにする。こんなことはない。）
(2) **転成名詞**…ほかの品詞から転じた名詞のこと。
①動詞からの転成…祈る→祈り
②形容詞からの転成…若い→若さ
③形容動詞からの転成…まじめだ→まじめさ
(3) **複合名詞**…二つ以上の単語が結びついてできた名詞。**一単語として扱《あつか》う。**（例 映画館〈名詞＋名詞〉、曲がり角〈動詞＋名詞〉、うそ泣き〈名詞＋動詞〉）
(4) **派生名詞**…接頭（尾《び》）語がついてできた名詞。（例 お食事、ご進物《しんもつ》、真横、生徒たち、僕《ぼく》ら、お母さま）

Step A
Step B
Step C

時間 30分
合格点 80点
得点　　点

月　　日

1 次の文章の——線部ア～ツから名詞を十個選び、記号で答えなさい。（2点×10—20点）

ア たった一度だけ、イ ひとりで夜道を歩いていて、ウ つい、胸のエ 思いを溜息《ためいき》と一緒《いっしょ》に口にしながら空を仰《あお》ぐと、同時にオ 大きな流れ星がカ 視野を斜《なな》めによぎって、びっくりしたキ ことがあった。ク あれはケ 高校二年のコ 春先のことで、べつに星へサ 祈《いの》るともなく、『シ やっぱり東京へ出たいなあ』

と呟《つぶや》いたのである。

ただの偶然《ぐうぜん》としか思えなかったが、ス 結局、セ 一年後にソ どうにかその タ 願いが叶《かな》ったのだから、あれはやはり郷里の星のチ 恵《めぐ》みだったとツ 思うべきかもしれない。

（三浦哲郎《みうらてつお》「モーツァルト荘」）

（　　・　　・　　・　　・　　）
（　　・　　・　　・　　・　　）

重要

2 次の文章の——線部ア～ソの名詞を、普通《ふつう》名詞・固有名詞・数詞・代名詞に分け、記号で答えなさい。（2点×15—30点）

歴史の成立には、もうア 一つ、ひじょうに重要な条件がある。イ それは、事件と事件の間には因果関係があるという感覚だ。これこれこういうウ 事件は、時間ではそのまえにあったこれこれこういう事件の結果として、あるいはその影響《えいきょう》で、起こったというふうに考える。

エ これは、この世界で起こる事件は、それぞれ関連がある、あるいはあるはずだと考えることだ。こういう考えかたは、オ 現代人、ことにカ 日本人のあいだでは、ごくあたりまえの考えかただけれども、実は世界のなかでは、キ 人類のなかでは、どうもク 少数派の感じかた、考えかたらしい。

ケ ここで念を押《お》すと、直進する時間の観念と、時間を管理する技術と、文字で記憶《きおく》をつくる技術と、ものごとの因果関係の思想のコ 四つがそろうことが、歴史が成立するための前提条件である。言いかえれば、こういう条件のないところには、本書で問題にしている、比喩《ひゆ》として使うのではない、厳密な意味の「歴史」は成立しえないということになる。

（岡田英弘《おかだひでひろ》「歴史とはなにか」）

サ 建築家の中村好文《なかむらよしふみ》さんにお目にかかったことがある。シ 中村さんといえば、ス 日本の個人住宅設計の分野で今やだれもが賞賛するセ 第一人者である。その作品には、着古したジーンズのような心地よさがあり、住むほどに愛着がわく。中村さんの設計した住宅の写真を見ていると、「私もこんな家で生活してみたい」といったソ あこがれの気持ちが、ふつふつとこみあげてくる。

（茂木健一郎《もぎけんいちろう》「すべては脳からはじまる」）

普通名詞（　　　　）
固有名詞（　　　　）
数　　詞（　　　　）
代 名 詞（　　　　）

解答▼別冊7ページ

重要

3 次の文章から形式名詞を四つ抜《ぬ》き出しなさい。ただし、同じ形式名詞は一度抜き出すだけでよい。（2点×4―8点）

インターネットは日常のものになりつつある。世界中のサイトを見たり、電話やファックスよりも頻繁《ひんぱん》にeメールを利用しているひとも少なくないだろう。ところがわたしは、一時期パソコンを立ち上げるのが苦痛になってしまったことがある。生まれも育ちも日本で、ずっと日本語を使ってきたはずなのに、パソコンのモニター上の文章が、読んでも読んでも意味が分からないことがときどきある。たとえば「ごめんなさい」の一言さえ、ほんとうの気持ちなのか、反論されないための前置きなのか、自分を守るための方便なのか、分からなくて考え込《こ》むことが多くなった。

（向山昌子《むこうやままさこ》「モンスーンの花嫁《はなよめ》」）

（　　・　　・　　・　　）

4 次の文章の〰〰線部①・②の名詞の種類をそれぞれ答えなさい。また、〰〰線部①・②と同じ名詞の種類の言葉を――線部ア～チからそれぞれ二つずつ選び、記号で答えなさい。（完答5点×2―10点）

あらためて、歴史とは①何かを考えてみる。それは、何を知る②ことなのだろう。そして、アそれはどのような イ難しさをもっているのだろうか。

「過去」にあった事実のウ集合が、そのまま「歴史」を構成するエわけではない。オその意味で、歴史は完成した詳《くわ》しい「年表」ではカない。長いあいだキ社会科の教科書のク後ろに綴《と》じられているのケを見慣れ、あるいは小学校の教室の壁《かべ》にコ長い巻物のサようにシ貼《は》ってあったからだろうか。スわれわれは歴史と聞くと、すぐにセできごとを年号順に並べている「年表」の形式を思い浮《う》かべてしまう。《中略》ソだから歴史を、時間軸《じく》上に過去の記録を並べたタもののように想像する人は少なくチないだろう。

（佐藤健二《さとうけんじ》「歴史と出会い、社会を見いだす」）

①（　　・　　・　　）
②（　　・　　・　　）

5 次の単語の転成名詞をそれぞれ答えなさい。（2点×6―12点）

(1) 楽しい（　　）
(2) 話す（　　）
(3) 遊ぶ（　　）
(4) 青い（　　）
(5) にぎやかだ（　　）
(6) 書き出す（　　）

6 次の名詞の組み合わせとして最も適切なものを、それぞれあとから選び、記号で答えなさい。（2点×10―20点）

(1) 近さ　(2) 記録文　(3) 美人　(4) 話し言葉　(5) お天気
(6) 君たち　(7) 兄弟　(8) 落とし物　(9) 高値　(10) 真っ白

ア 形容詞の一部＋名詞　イ 名詞＋接尾語《せつびご》
ウ 形容詞の語幹＋接尾語　エ 接頭語＋名詞
オ 名詞＋名詞　カ 動詞＋名詞

(1)（　　）(2)（　　）(3)（　　）(4)（　　）(5)（　　）
(6)（　　）(7)（　　）(8)（　　）(9)（　　）(10)（　　）

6 副詞・連体詞

Step A Step B Step C

月　日

解答▼別冊7ページ

1 〔副詞の識別〕次の文の――線部から副詞を五つ選び、記号で答えなさい。

ア 西風がはげしく吹《ふ》く。
イ 山上でしばらく休む。
ウ とうてい許せることではない。
エ 検察側は慎重《しんちょう》に捜査《そうさ》を進めている。
オ 漫談《まんだん》家は世相をおもしろおかしく話した。
カ やはり今日も寒い。
キ この街道は道幅《みちはば》が狭《せま》く、往来に不便である。
ク 川は表面から凍《こお》り、それがしだいに厚くなることで凍結《とうけつ》する。
ケ あらゆる植物を研究する。
コ 引越《ひっこ》しの荷物はまるで山のようである。

（　・　・　・　・　）

2 〔連体詞の識別〕次の文の――線部から連体詞を五つ選び、記号で答えなさい。

ア あの人が山本さんです。
イ 蒸し暑い日がずっと続く。
ウ かすかな寝息《ねいき》が聞こえてくる。
エ 来《きた》る九月一日は防災の日です。
オ 向こうから来る人は岡田《おかだ》さんのようだ。
カ それはある冬の寒い日のことであった。
キ この提案に異議のある人はいますか。
ク これがいわゆる読者の胸中に火をつけるってやつですね。

解法のポイント

❶ **副詞の性質**
(1) **自立語**である。
(2) **活用がない**。
(3) 主に用言（動詞・形容詞・形容動詞）を修飾《しゅうしょく》する**連用修飾語**になる。

❷ **副詞の種類とはたらき**
(1) **状態の副詞**…動作・作用の状態を詳《くわ》しく表す。主に動詞を修飾する。
・しっかり（と）食べる。
・そっと近づく。
・しばらく休みます。
例 ゆっくり、おもむろに、ふと、ついに、すぐに、すっかり
※**擬態《ぎたい》語・擬声語**も状態の副詞。
・はらはらしながら試合を見る。
・雨がザーザー降る。
擬態語 例 きらきら、ぽっかり
擬声語 例 ワンワン、ガタガタ
(2) **程度の副詞**…物事の性質や状態がどの程度であるかを表す。主に用言（多くの場合、形容詞・形容動詞）を修飾する。

ケ すずめの大群があとからあとからとその数を増す。
（　　・　　・　　・　　）

3 〔呼応の副詞〕

次の文の□には、——線部に対応する呼応の副詞や決まった表現が入る。それらを、(1)は二字、(2)・(3)は三字でそれぞれひらがなで答えなさい。

(1) □雨が降ったら、遠足は順延します。
(2) 私は決してうそは申し□。
(3) まるで雷《かみなり》が落ちる□大きな音がした。

4 〔副詞と連体詞の区別〕

次の——線部について、品詞がほかと異なるものを一つ選び、記号で答えなさい。

ア 彼女《かのじょ》はたぶんここには戻《もど》ってこないだろう。
イ 難問なのによく解けたと先生にほめられる。
ウ 成功のためにはあらゆる可能性を排除《はいじょ》しない。

（　　）〔山手学院高－改〕

重要

5 〔副詞・連体詞とほかの品詞の識別〕

次の文の——線部①～⑩の言葉の説明として最も適切なものをあとから選び、記号で答えなさい。

・①急に呼び出されたので、②すぐに家を出た。
・③しばらく待ってみたが、結局彼《かれ》は帰ってこなかったので、④悲しくなった。
・⑤こんな僕《ぼく》が⑥大きな家に住めるなんて⑦まるで夢のようだ。
・⑧これより⑨小さいサイズの服は⑩この店にありますか。

ア 名詞　イ 副詞　ウ 連体詞　エ 形容詞　オ 形容動詞

①（　）②（　）③（　）④（　）⑤（　）
⑥（　）⑦（　）⑧（　）⑨（　）⑩（　）

・かなり高い。　・とても親切だ。
・いくぶん楽になった。
例 少し、もっと、ちょっと

(3) 呼応の副詞…下の受ける文節（～～線部）に決まった言い方を要求する副詞。「陳述《ちんじゅつ》の副詞」ともいう。
・まるで夢のようだ。
・どうぞお掛《か》けください。
例 たぶん（～だろう）、まさか（～まい）

3 連体詞の性質

(1) 自立語である。
(2) 活用がない。
(3) 連体修飾語にしかならない（主語、述語、被《ひ》修飾語にはならない）。
・あの本　・この人　・おかしな話
・わが国　・ある日　・大きな木
(4) 語尾《ごび》が必ず「た（だ）・な・が・の・る」のいずれかになる。

4 副詞と連体詞の区別

副詞が連体修飾語になる場合もある（副詞＋助詞「の」）。
・もっぱらの評判　・かなりの差
連体詞との区別は、ほかの例文で連用修飾語になるかどうかで判断する。
・かなり待った。→連用修飾語

Step A　Step B　Step C

時間	合格点	得点
30分	80点	点

月　日

解答▼別冊8ページ

1 次の文から副詞を一つずつ抜《ぬ》き出しなさい。(2点×10―20点)

(1) ぴかぴかと雷光《らいこう》が走った。（　　）

(2) もっと細心の注意を払《はら》って仕事をしないと危険だよ。（　　）

(3) 裏口からこっそり台所に入った。（　　）

(4) Sさんはたぶん場所を間違《まちが》えたまま待っているのだろう。（　　）

(5) 牛がのっそりと立ち上がった。（　　）

(6) 今度の部屋は、これまでいた所と比べてかなり狭《せま》い。（　　）

(7) 曇《くも》っていた空も、午後になってからりと晴れ上がった。（　　）

(8) 児童数が激減して、母校もついに閉校した。（　　）

(9) 三時間も並んで待って、やっと手に入れた。（　　）

(10) 桜の花びらがひらひらと散っていく。（　　）

2 次の文から連体詞を一つずつ抜き出しなさい。(2点×10―20点)

(1) 砂糖《さとう》はほんの少量入れるだけにしてください。（　　）

(2) いかなる困難も乗り越《こ》えていく。（　　）

(3) どの本がお好きですか。（　　）

(4) いわゆる研究者といわれる人は、辛抱《しんぼう》強くこつこつと努力していく人だ。（　　）

(5) さる有名な歌手が、転身して俳優になった。（　　）

(6) 雨が降ったり止んだり、なんだかおかしな天気だね。（　　）

(7) あの茶色いかばんが私のものだ。（　　）

(8) 父は留学していたので、そこで起きたいろんな話をよくしてくれる。（　　）

(9) わが欠点はただ一つ、短気なところだ。（　　）

(10) ある日曜日、僕《ぼく》は魚釣《つ》りに出かけた。（　　）

3 次の文章の①～⑦の空欄《くうらん》にそれぞれ一字ずつひらがなを入れて、文を完成させなさい。(2点×7―14点)

彼《かれ》はケガを押《お》してでも、ぜひ今日の試合には出場し①□□と皆《みな》に訴《うった》えた。彼がチームのおそらく誰《だれ》よりも努力してきた②□□□ことを見ていた僕《ぼく》は、たとえケガの状態が悪化したとし③□□、決して彼は後悔《こうかい》し④□□だろうと思った。いったい誰が、そんな彼を止めることができるのだろう⑤□。しかし、コーチはまったく首を縦に振《ふ》ら⑥□□のだ。彼はどうかお許し⑦□□□□と頼《たの》み込《こ》んだ。

①（　　　）　②（　　　）
③（　　　）　④（　　　）
⑤（　　　）　⑥（　　　）
⑦（　　　）

〔大阪女学院高－改〕

重要

4

次の文の――線部は、どの文節（連文節）を修飾《しゅうしょく》しているか。被《ひ》修飾語を抜き出しなさい。（3点×12―36点）

(1) 自転車が途中《とちゅう》で壊《こわ》れるなんてとんだ災難だったね。（　　　）

(2) とても三日では終わらない。（　　　）

(3) 私にはたいへん優《やさ》しい姉でした。（　　　）

(4) 人はあらゆる障害を乗り越えて強く生きねばならない。（　　　）

(5) トントントントンと階段を上がってくる足音が聞こえた。（　　　）

(6) あのマンションの五〇一号室に住んでいる。（　　　）

(7) これはきわめて難しい問題である。（　　　）

(8) あらかじめ何らかの手を打っておいたほうがよいのではないか。（　　　）

(9) 朝早く、コトコトと台所で朝食の支度《したく》をする音がする。（　　　）

(10) 初めてのことだから、いくぶん遠慮《えんりょ》していた。（　　　）

(11) どうぞ、こちらからお入りください。（　　　）

(12) たった一度のつまずきから、彼は全くやる気をなくしてしまった。（　　　）

5

次の副詞に対応する例文として最も適切なものをそれぞれあとから選び、記号で答えなさい。（2点×5―10点）

(1) 体言を修飾する副詞（　　　）

(2) ほかの副詞を修飾する副詞（　　　）

(3) 形容詞を修飾する副詞（　　　）

(4) 擬声《ぎせい》語としての副詞（　　　）

(5) 擬態語としての副詞（　　　）

ア もぞもぞと何やら動き回っている。

イ もっと端《はし》を歩きなさいよ。

ウ かなり激しい運動をした。

エ ボチャンと鯉《こい》のはねる音がした。

オ こちらのほうがずっとのんびり生活できる。

カ 年をとっても実に元気だ。

7 接続詞・感動詞

解答▼別冊8ページ

1

〔接続詞〕次の文章から接続詞を二つ抜《ぬ》き出しなさい。

再び二人で走り出してからは昇平《しょうへい》が後ろを走った。またさっきみたいに二人の差が開いたりしないように、疲《つか》れている草太が先に行くことになったのである。

つまり後ろから昇平に見守られる格好なわけで、草太としては複雑な気分だった。その方が安心なのは確かだけれど、昇平のお荷物になっているようで悔《くや》しかったのである。

その坂を越《こ》えた後は疲れなど感じさせないように頑張《がんば》った。下り坂から平地にかけてはスピードを上げ、わざと重たいギアを踏《ふ》んで走っていった。

しかし草太の頑張りも長くは続かなかった。やがて脚《あし》の疲労《ひろう》が限界に達してしまったのだ。

（竹内真《たけうちまこと》「自転車少年記」）

（　　）・（　　）

2

〔接続詞の種類〕次の文の――線部の接続詞のはたらきとして最も適切なものをあとから選び、記号で答えなさい。

(1) 兄は絵もうまいし、また音楽も得意だ。（　）

(2) 懇親《こんしん》会に出席するか、または欠席するか、五日までに知らせてください。（　）

(3) 新聞を毎日見ていればすぐ気づくように、その文章は極度に能率的でなければならず、しかも最少字数で最大の事実を盛り込《こ》み、それでいて読者にある程度の感銘《かんめい》を与《あた》えなくてはならない。（　）

(4) この前の集まりでは、かなり話し合いの成果が上がったね。ところで、来月の集まりはいつになりますか。（　）

(5) 新聞に「死者が五名に達した。」と書かれていたが、これは適切ではない。なぜなら、「達した」というのは、期待していた数に届いたというような意味になるからだ。（　）

解法のポイント

❶ **接続詞の性質**

(1) **自立語**である。
(2) **活用がない**。
(3) 主語・述語・修飾語にならず、**接続語**になる。
(4) 単語と単語、文節と文節、文と文を**つなぐはたらき**をする。

❷ **接続詞の種類とはたらき**

(1) **順接**…前の内容からあとの内容に順当に続くことを表す。
例 だから、そこで、したがって

(2) **逆接**…前の内容とあとの内容が異なる、または逆になることを表す。
例 しかし、だが、でも

(3) **説明・補足**…前の内容についての説明や補足をする。
例 なぜなら、つまり、すなわち

(4) **並立**…前の内容と同種の事柄《ことがら》を並べて述べる。
例 また、ならびに、および

(5) **添加**（**累加《るいか》**）…前の内容・事柄に別の内容・事柄をつけ加える。

(6) 今日の科学は、一般《いっぱん》の人々にはとうてい手の届かない、はるか彼方《かなた》のもののように見える。しかし、科学の本来の姿は、そういうものではない。（　　）

(7) 山には、それぞれの個性があります。だから、どの山にもそれぞれの印象が残っていますね。（　　）

(8) たくさんの人が住んでいたこの街に、いまや誰《だれ》ひとりとして住んでいないという、深い悲しみを表そうとしたのである。つまり、滅《ほろ》びたもの、なくなった人々に対する、詩人の深い情感が込《こ》められているとみるべきであろう。（　　）

ア 順接　イ 逆接　ウ 説明　エ 並立　オ 添加《てんか》　カ 選択《せんたく》　キ 転換《てんかん》

重要

3

〔接続詞とほかの品詞の識別〕次の文の――線部の品詞をあとから選び、記号で答えなさい。

(1)
・またお話を聞かせてくださいね。（　　）
・彼《かれ》は医者でもあり、また作家でもある。（　　）

(2)
・あるいは間違《まちが》っていたかもしれない。（　　）
・隠《かく》し味として酒あるいはみりんを使う。（　　）

(3)
・いろいろと試したけれども、結局うまくいかなかった。（　　）
・いろいろと試してみた。けれども結局うまくいかなかった。（　　）

ア 副詞　イ 接続詞　ウ 感動詞　エ 助詞　オ 助動詞

4

〔感動詞〕次の太宰治《だざいおさむ》「走れメロス」の文から、感動詞を一つずつ抜き出しなさい。

(1) 私は友を欺《あざむ》いた。中途《ちゅうと》で倒《たお》れるのは、初めから何もしないのと同じことだ。ああ、もう、どうでもいい。（　　）

(2) 「もう、だめでございます。……走るのは、やめてください。……」（　　）
「いや、まだ日は沈《しず》まぬ。」

(3) 「たくさんの人を殺したのか。」（　　）
「はい、初めは王様の妹婿《いもうとむこ》様を。それから、ご自身のお世継《よつ》ぎを。……」

例 そのうえ、しかも、それに
(6) 対比・選択…前の内容とあとの内容の比較《ひかく》や、選択を表す。
例 あるいは、または、もしくは

(7) 転換…前の内容から話題を変えて新しい内容になることを表す。
例 ところで、さて、では

❸ 感動詞の性質
(1) 自立語である。
(2) 活用がない。
(3) 主語・述語・修飾語にならず、独立語になる。
(4) 感動、呼びかけ、応答などを表す。

❹ 感動詞の種類とはたらき
(1) 感動
・ああ、素晴《すば》らしい。
・まあ、きれいな花だわ。
(2) 呼びかけ
・さあ、行こう。
・もしもし、前田さんですか?
(3) 応答
・はい、前田です。
・いいえ、違います。
(4) あいさつ
・こんにちは、今日はとても暖かいですね。

解答▼別冊8ページ

時間	合格点	得点
30分	80点	点

月　日

1 次の文章から接続詞を十個抜《ぬ》き出しなさい。ただし、同じ接続詞がある場合は、一度だけ答えること。（3点×10—30点）

・世の中には、無造作・無反省にことばをつかっているようにみえる人がいる。あるいは、正確・厳密にことばをつかおうと神経をつかっている人、また、相手への心づかいを細かくもってものを言っているようにみえる人もいる。

・言いそこないというものは、常にだれにでもある。しかし、これらの例《中略》は、単純な言いそこないのたぐいとは違《ちが》う。

・会議は、議題をめぐって、参加者がみんなで考え、意見を述べ合って、よりよい結論を出すために行うものである。したがって、参加者全員が、それぞれの立場から、責任のある発言をすることがたいせつである。

・……ふとんを額のところまでかぶって、眠《ねむ》ろうと努力しました。それゆえサワンの号泣《ごうきゅう》はもはやきこえなくなりましたが、サワンが屋根の頂上に立って空を仰《あお》いで鳴いている姿は、私の心のなかから消え去りはしなかったのです。そこで私の想像のなかに現《あら》われたサワンも、甲高《かんだか》く鳴き叫《さけ》んで、実際に私を困らせてしまったのであります。

（井伏鱒二《いぶせますじ》「屋根の上のサワン」）

・しかし、創造するといっても発明や発見をしたりとか、偉《い》大《だい》な芸術作品を創り出すことのみをいっているのではない。自分なりの生き方を探ることは、すなわち、創造ではないだろうか。つまり、われわれの人生そのものが、ひとつの創造過程である、というわけである。

・創造につながるイマジネーションと、すぐに消え去ってしまう空想の差は、そこに費やされる心的エネルギー量の差によって示される。前者の場合は、相当な心的エネルギーを必要とするのである。もっとも、この両者は判然とは区別しがたく、後者のはかない空想が前者の方へと創造的に高められてゆくときもある。《中略》

・創造的退行という言葉がある。退行というのは、人間のこころの状態が子どもの頃《ころ》にかえるような状態になり、まったくの無為《むい》になったり、ばかげた空想をしたりするようなことをいう。ところが、極めて創造的な人々の様子をよく観察すると、創造活動が活発になるときに、退行現象が生じることがわかってきたのである。

（河合隼雄《かわいはやお》「大人になることのむずかしさ」）

（　　）（　　）（　　）
（　　）（　　）（　　）
（　　）（　　）（　　）（　　）

重要

2 次の文から接続詞を抜き出し、それが、ア 順接・イ 逆接・ウ 説明・エ 並立・オ 添加《てんか》・カ 選択《せんたく》・キ 転換《てんかん》のどのはたらきをしているか、それぞれ記号で答えなさい。（完答4点×10—40点）

(1) 私の好きな教科は、国語、英語、社会、それから音楽です。（　・　）

(2) 松島、天《あま》の橋立《はしだて》および宮島を日本三景という。（　・　）

(3) 二時まで待った。けれども、彼女《かのじょ》は来なかった。（　・　）

(4) 山下君が一着になった。なぜなら、一生懸命《けんめい》がんばったからだ。（　・　）

(5) 風が強くなってきた。そのうえ、雨も降ってきた。（　・　）

(6) バスケット部に入ろうか。それとも、野球部に入ろうか。（　・　）

(7) 先輩方《せんぱいがた》におかれましては、ご健勝のことと存じます。さて、先日は、暑い中をご指導いただきまして、ありがとうございました。（　・　）

(8) 物音がするので、そっと近づいてみた。すると、白い犬がさっととび出してきて、逃《に》げた。（　・　）

(9) 今日はこれで終わります。では、ごきげんよう。また明日、お会いしましょう。（　・　）

(10) 兄は三つも取ってしまった。それなのに、僕《ぼく》には少しも分けてくれようとしなかった。（　・　）

3 次の文の——線部と同じはたらきをしている言葉を、それぞれあとの文章から一つずつ抜き出しなさい。（3点×2—6点）

(1) 七日の午後一時提出を全員と約束した。それなのに、まだ二人しか提出していない。（　）

(2) ここでやめるか。それとも、あと二日がんばってみるか。（　）

知識だけでなく、それらの人の使う言葉の多くが借物《かりもの》だったのです。それは特に学術的な用語、あるいは哲学《てつがく》用語といえるような単語の場合、目立って感じられます。この知識の借物ということはなかなか魅力《みりょく》のあることでありまして、はでな衣裳《いしょう》を着て自分を飾《かざ》ることと少しも変《か》わりありません。しかしそれは、至極《しごく》便利なダイジェスト式の本が出ていますと、比較《ひかく》的時間もお金もかからずに出来ることで、これもまた、悪く利用しますとかなり危険なものだといえます。この借物の知識でも自分の身を飾る魅力というのは、恐《おそ》らく人間の心の中に根強く巣を造っている自尊心、虚栄《きょえい》の心によるものと思われます。

（串田孫一《くしだまごいち》「考えることについて」）

4 次の会話文から感動詞を八つ抜き出しなさい。（3点×8—24点）

・「真弓さんはどこを受けるの？　K大付高？」「いいえ。」「では、都立H高？」「さあ。」「S学院かな？」「はい。」

・「おや、こんな所に、紅葉《もみじ》の苗木《なえぎ》？」「ああ、種から芽生えたのだろう。」「へえぇ、紅葉に種があるの？」「うん、そうだよ。」「ふうん、自然の生命力って、すごいんだね。」

（　）（　）（　）（　）
（　）（　）（　）（　）

8 動詞

月　日

解答▼別冊9ページ

重要

1 〔動詞の活用〕次の動詞の活用表を完成させなさい。なお、○は用例がないことを表す。

基本形	語幹	未然形	連用形	終止形	連体形	仮定形	命令形	活用の種類
生きる	い	（①）	（②）	きる	きる	きれ	きろ きよ	カ行上一段活用
鳴く	な	か こ	き （③）	く	く	け	け	（④）活用
する	○	し せ （⑤）	し	する	する	すれ	しろ せよ	（⑥）活用
出る	（⑦）	で	で	でる	でる	でれ	でろ でよ	（⑧）活用
来る	○	こ	き	くる	くる	くれ	こい	（⑨）活用
歩ける	ある	け	け	ける	ける	けれ	（⑩）	カ行下一段活用

①（　　）②（　　）③（　　）④（　　）⑤（　　）
⑥（　　）⑦（　　）⑧（　　）⑨（　　）⑩（　　）

2 〔動詞の活用〕次の文の（　）内の動詞を適切な形に活用させなさい。

(1) もしここで君を（助ける）ば、君の努力は水の泡《あわ》だ。（　　）
(2) はるばる北海道からやって（来る）た少年。（　　）
(3) もう少し大きな声で（歌う）たら、よかったのに。（　　）
(4) （見る）ようとしても、暗くて何も（見える）ない。（　　・　　）

解法のポイント

❶ 動詞の性質
(1) 自立語で活用がある。
(2) 単独で述語になる。
(3) 人や物事の動作・作用・存在などを表す。
(4) 終止形の語尾《ごび》は「ウ段」の音。

❷ 動詞の活用の種類
五段活用、上一段活用、下一段活用、カ行変格活用（来る）、サ行変格活用（する）

❸ 動詞の活用における注意事項《じこう》
(1) 語幹と活用語尾…活用のある単語で変化しない部分を語幹といい、語幹に対して変化する部分を活用語尾という。
(2) 音便…サ行を除《のぞ》く五段活用の連用形で起こる現象。
・書きます→書いた（イ音便）
・行きます→行った（促《そく》音便）
・飛びます→飛んだ（撥《はつ》音便）

(5) 人から（信用する）れるには、人を（信用する）なければならない。（　　・　　）

(6) 彼女《かのじょ》が（書く）た文章を集中して（読む）だ。（　　・　　）

3 〔可能動詞〕次の文の——線部が可能動詞であれば○、そうでなければ×を答えなさい。

(1) こぶしの花が咲《さ》けばもう春だ。（　　）
(2) 働ける間にうんと働いておこう。（　　）
(3) 頂上まで登ることは困難だ。（　　）
(4) この花を育てるのに苦労した。（　　）
(5) 小さい字でも何とか読める。（　　）
(6) 板の上にでも文字は書ける。（　　）

4 〔自動詞・他動詞〕次の文の——線部の動詞が自動詞であれば自、他動詞であれば他を答えなさい。

(1) 花瓶《かびん》を元の位置に戻《もど》す。（　　）
(2) 生徒が体育館に集まる。（　　）
(3) ゆうゆうと大河は流れる。（　　）
(4) 角笛を吹《ふ》いて鹿《しか》を集める。（　　）
(5) その話はもう水に流すよ。（　　）
(6) 振《ふ》り子が真ん中の位置に戻る。（　　）

重要

5 〔補助動詞〕次の文の——線部が補助動詞であれば○、そうでなければ×を答えなさい。

(1) お茶は水筒《すいとう》の中に入れてある。（　　）
(2) この写真の中であなたはどこにいるの？（　　）
(3) 台風で庭木の一本が倒《たお》れてしまった。（　　）
(4) 河原には変わった石がたくさんある。（　　）
(5) この話は誰《だれ》にも言わないでおこう。（　　）
(6) どうぞ召《め》し上がってください。（　　）

6 〔複合動詞・派生語の動詞〕次の動詞が複合動詞であれば○、派生語の動詞であれば×を答えなさい。

(1) 飛びおりる（　　）
(2) 歩み寄る（　　）
(3) うち続く（　　）
(4) 分け合う（　　）

❹ さまざまな動詞

(1) **可能動詞**…「できる」という意味を含《ふく》んだ五段活用の動詞で、すべて下**一段活用**になり、**命令形がない**。

(2) **自動詞**…動作・作用がほかに及《およ》ばず、それ自身だけのはたらきを表す動詞。
・水が流れる。　・風が吹く。

(3) **他動詞**…動作・作用がほかに及ぶことを表した動詞。
・水を流す。　・口笛を吹く。

(4) **補助動詞**…もとの意味が薄《うす》れ、すぐ前の文節を補助するはたらきをする動詞。「**形式動詞**」ともいう。それに対し、本来の意味で単独的に用いられる動詞を「**本動詞**」という。
・そこには家がある。（本動詞）
・大根は買ってある。（補助動詞）

(5) **複合動詞**…二つ以上の単語が結びついてできた動詞。**一単語**として扱《あつか》う。
・話す＋合う→話し合う
・信用＋する→信用する

(6) **派生語の動詞**…接頭語がついた動詞や、ほかの品詞に接尾語がつき、動詞化したもの。**一単語**として扱う。
・さし＋ひかえる→さしひかえる
・寒い＋がる→寒がる

Step A　Step B　Step C

月　　日

時間	合格点	得点
30分	80点	点

解答▼別冊10ページ

1 次の文の――線部のうち、品詞が異なるものを一つ選び、記号で答えなさい。(4点)

ア 最後は発表で終わります。
イ もう発表は終わりです。
ウ 早く発表を終わりたい。
エ やっと発表が終わりそうだ。

（　　）〔宮崎〕

2 次の文の――線部と異なる活用形をあとから一つ選び、記号で答えなさい。(6点)

朝起きて学校へ行く。

ア 彼女《かのじょ》は九時にここへ来るそうだ。
イ 先生が話すと、自然と静かになる。
ウ 部屋を出るときは、電気を消しなさい。
エ 私は洋楽も聞くし、邦楽《ほうがく》も聞く。

（　　）〔日本大豊山女子高〕

3 次の文の――線部①～⑧の動詞の活用の種類と活用形として最も適切なものをそれぞれあとから選び、記号で答えなさい。(完答3点×8―24点)

・難しいのはどの程度①老いているかの判定である。
・平たく②言えば気の持ちようである。
・急ぐ奴《やつ》には急がせて③おけ、と毒づくほどの余裕《よゆう》がある。
・あとから④来た重そうなバッグをかけた若い男。
・歩調を⑤合わせるだけならさして苦労は要しない。
・無理して⑥追いつこうとすれば、懸命《けんめい》に足を⑦運ばねばならない。
・あの頃《ころ》から始まって⑧いたのだ。

〔活用の種類〕
ア 五段活用　イ 上一段活用　ウ 下一段活用
エ サ行変格活用　オ カ行変格活用

〔活用形〕
カ 未然形　キ 連用形　ク 終止形　ケ 連体形
コ 仮定形　サ 命令形

①（　・　）②（　・　）③（　・　）
④（　・　）⑤（　・　）⑥（　・　）
⑦（　・　）⑧（　・　）

〔大阪教育大附高(池田)―改〕

4 次の文の――線部①～⑩の動詞の活用形は、ア 未然形・イ 連用形・ウ 終止形・エ 連体形・オ 仮定形・カ 命令形のどれにあたるか。それぞれ記号で答えなさい。(2点×10―20点)

・①流れる水は凍結《とうけつ》しない。
・「先頭はもっとゆっくり②歩け！」と声が飛んだ。
・③話せばわかってもらえると④思う。

・二日後には工事が⑤終わろう。
・⑥笑う門《かど》には福⑧来《きた》る。
・⑦電話しますと⑧言ったきり音さたがない。
・雨が⑨降れば、遠足は⑩延期する。

①（　　）②（　　）③（　　）④（　　）
⑤（　　）⑥（　　）⑦（　　）⑧（　　）
⑨（　　）⑩（　　）

5

次の文の——線部①～⑩の動詞の活用の種類を答えなさい。（2点×10—20点）

・この土地にもようやく春が①来る。
・人間は未来への希望に②生きるものである。
・悟《さと》るまでには月日が③かかる。
・友情のあるところに、私はいつまでも④枯《か》れることのない青春を⑤見出《みいだ》す。
・⑥欠席する場合は連絡《れんらく》をお願いします。
・優《すぐ》れた才能を⑦持つものは、いつかは頭角を⑧現すものと考えられている。
・徹夜《てつや》のせいか、体がいつになく重たく⑨感じられる。
・夜の十一時となった。もう⑩寝《ね》るとしよう。

①（　　）②（　　）
③（　　）④（　　）
⑤（　　）⑥（　　）
⑦（　　）⑧（　　）
⑨（　　）⑩（　　）

重要

6

次の文章から可能動詞を五つ抜《ぬ》き出しなさい。（2点×5—10点）

・橋を架《か》けてから渡《わた》ることなんてできやしない。とにかく夜の闇《やみ》に乗じて、ボートで河を渡ることしか方法がない。何人かは、腕《うで》でボートをこいだ。こげるだけ力いっぱいこいだ。泳げる者は泳ぎながらボートを押《お》した。

・老人や病人はやむを得ないとしても、女や子供まで、動ける者はどんな小さなことでも手伝った。

やがて、努力のかいあって、家が建ち並び、畑からは穀物《こくもつ》や野菜が収穫《しゅうかく》できるようになった。明かりがつき、夜でも本が読めるようになった。文字が書ける者は、近況《きんきょう》を手紙に書いて出身地へ送った。

（　　）（　　）（　　）
（　　）（　　）

7

次の文の——線部の動詞が自動詞であればそれに対応する他動詞を、他動詞であればそれに対応する自動詞をそれぞれ答えなさい。（2点×8—16点）

(1) 音楽が　聞こえる。（　　）
(2) 水を　出す。（　　）
(3) 紙くずが　燃える。（　　）
(4) こまが　回る。（　　）
(5) 針金を　曲げる。（　　）
(6) 電気を　つける。（　　）
(7) 汚《よご》れを　落とす。（　　）
(8) ビルが　建つ。（　　）

9 形容詞・形容動詞

月　日

解答▼別冊10ページ

重要

1 〔形容詞・形容動詞の活用〕 次の形容詞・形容動詞の活用表を完成させなさい。なお、○は用例がないことを表す。

基本形	語幹	未然形	連用形	終止形	連体形	仮定形	命令形
若い	わか	（①）	かっ （②）	い	い	（③）	○
静かだ	しずか	だろ	だっ （④） に	だ	（⑤）	（⑥）	（⑦）

①（　　）②（　　）③（　　）④（　　）⑤（　　）
⑥（　　）⑦（　　）

2 〔形容詞・形容動詞の識別〕 次の文の――線部ア～トから形容詞を五つ、形容動詞を五つそれぞれ選び、記号で答えなさい。

・彼《かれ》はいつもアあのような態度をとっていたので、その印象がイ変わることはウなかった。
・エ元気だった母がオあんな姿になるなんて、カいまだに信じられキない。
・自宅を改築するにクあたって、二階にケ小さなしかも豪華《ごうか》でコない部屋を造った。
・女性らしいサ優《やさ》しさとシ美しさで誰《だれ》よりもス魅力《みりょく》的に見える。
・セこのように計画にソ積極的なら、プロジェクトの成功は間違《まちが》いタない。
・そのパーティーは思ったほど楽しくチなかった。
・あの投手は初回にツよく点を取られるが、その日は最初から調子がテよく、ト見事に完封《かんぷう》勝利をあげた。

形　容　詞（　・　・　・　・　）
形容動詞（　・　・　・　・　）

解法のポイント

❶ 形容詞の性質
(1) 自立語で活用がある。
(2) 終止形の活用語尾《ごび》が「い」で、命令形がない。
(3) 単独で述語になる。
(4) 主として物事の性質や状態を表す。

❷ さまざまな形容詞
(1) **補助形容詞（形式形容詞）**…「ない」や「ほしい」などの形で補助的な役割をする。
・いくら探しても傘《かさ》がない。（形容詞）
・その部屋は広くない。（補助形容詞）
(2) **複合形容詞**…二つ以上の単語が結びついてできた形容詞。**一単語**として扱《あつか》う。
・心細い（名詞＋形容詞）
・蒸し暑い（動詞＋形容詞）
・古くさい（形容詞＋形容詞）
(3) **派生形容詞**…接頭語がついた形容詞や、ほかの品詞に接尾語がつき、形容詞化したもの。**一単語**として扱う。
・真新しい　・小高い

3 〔補助形容詞〕次の文の――線部「ない」と同じ用法のものが含《ふく》まれている文をあとから二つ選び、記号で答えなさい。

ひさしが長く出ているので、家の中は明るくない。

ア 私にその場所を尋《たず》ねられてもわからない。

イ この作品を三日で仕上げることはとてもできないことだ。

ウ 暑さのせいか、あまり食事が欲《ほ》しくない。

エ ああ、もう時間がない。

オ どんなに勧《すす》められても、いらないものはいらないのだ。

カ 目的地は、疲《つか》れるほど遠くないよ。

（　・　）

重要

4 〔形容動詞のはたらき〕次の文の――線部の形容動詞は、ア 述語・イ 連体修飾語《しゅうしょく》・ウ 連用修飾語のどのはたらきをしているか。それぞれ記号で答えなさい。

(1) その問題は簡単に解決する。（　）

(2) 森の中で枯《か》れ葉の落ちるかすかな音がする。（　）

(3) どうか丈夫《じょうぶ》に育っておくれ。（　）

(4) その方法が最も経済的だ。（　）

(5) 彼の態度はとても立派だった。（　）

(6) あいまいな説明でわかりかねる。（　）

(7) 測定結果を正確に記録する。（　）

5 〔複合形容詞・派生形容詞〕次の形容詞の組み合わせとして最も適切なものをそれぞれあとから選び、記号で答えなさい。

(1) 読みにくい　(2) か弱い　(3) 細長い

ア 形容詞の語幹＋形容詞　イ 形容詞の語幹＋接尾《せつび》語

ウ 接頭語＋形容詞　エ 動詞＋形容詞

(1)（　）(2)（　）(3)（　）

・子どもらしい（名詞＋接尾語「らしい」）

・子どもっぽい（名詞＋接尾語「ぽい」）

3 形容動詞の性質

(1) 自立語で活用がある。

(2) 終止形の活用語尾が「だ」で、命令形がない。

(3) 単独で述語になる。

(4) 主として物事の性質や状態を表す。

4 さまざまな形容動詞

(1) 特殊《とくしゅ》な活用をする形容動詞…「同じだ」「こんなだ」「そんなだ」「あんなだ」「どんなだ」の連体形は名詞に接続するときは活用語尾「な」が落ち、語幹だけになる。

・同じ考え（同じな×）

(2) 派生形容動詞…接頭語がついた形容動詞や、ほかの品詞に接尾語がつき、形容動詞化したもの。一単語として扱う。

・こぎれいだ　・ご立派だ

・決定的だ（名詞＋接尾語「的」＋だ）

・悲しげだ（形容詞＋接尾語「げ」＋だ）

Step A　Step B　Step C

時間 30分　合格点 80点　得点 　点

月　日

解答▼別冊11ページ

1 次の文から形容詞をそれぞれ一つずつ抜《ぬ》き出しなさい。（3点×10―30点）

(1) 山上から島の美しい風景を眺《なが》めた。（　　）

(2) 試験に合格してとてもうれしく、家族全員に告げて回った。（　　）

(3) ミニ新幹線は在来線に比べてずいぶん速くなった。（　　）

(4) 解き方がわかってくると、数学はおもしろかろう。（　　）

(5) 新しい目標に、やる気がわいてきた。（　　）

(6) ふくろうは鋭《するど》いくちばしで獲物《えもの》をくわえた。（　　）

(7) 風が激しく吹《ふ》き荒《あ》れる深夜のことだった。（　　）

(8) 月が赤かったので不気味に感じた。（　　）

(9) もっと薄《うす》ければ、持ち運べるのに。（　　）

(10) ある小高い丘《おか》に登り、弁当を食べた。（　　）

2 次の文から形容動詞を抜き出しなさい。また、文中での活用形も答えなさい。（完答3点×7―21点）

(1) 何の物音とも知れないごくかすかな響《ひび》きに耳をそばだてる。（　　・　　形）

(2) 皆様《みなさま》お元気でいらっしゃることと思います。（　　・　　形）

(3) 桜の花が見事に咲《さ》きました。（　　・　　形）

(4) その話が本当なら参加しよう。（　　・　　形）

(5) 心身ともに健全な人間になりたい。（　　・　　形）

(6) ごく単純なものだが、それだけに味が深いものだ。（　　・　　形）

(7) 家財道具を全部取り払《はら》ったら、殺風景《さっぷうけい》だろうな。（　　・　　形）

重要

3 次の問いに答えなさい。

(1) 「鳥が高く飛んだ」の「高く」の活用形と同じ活用形の言葉を含《ふく》む文を次から選び、記号で答えなさい。（4点）

ア 華《はな》やかなパレードを見る。　イ 重要ならば協議を行う。

ウ きっと桜がきれいだろう。　エ にぎやかに話をする。

（　　）（山形―改）

(2) 次の文から活用する自立語を三つ抜き出し、品詞名と文中での活用形をそれぞれ答えなさい。（完答3点×3―9点）

その村中先生に軽くうなずいて、隆司《たかし》はステージの中央に向かった。

（　　・　　〈品詞〉　　・　〈活用形〉　　形）
（　　・　　・　　形）
（　　・　　・　　形）

(3) 「ある問題が発生すると、そのためには何かブレイクスルーとなるアイディアが必要になる」の「必要に」の品詞名を答えなさい。また、同じ品詞として最も適切なものを次から選び、記号で答えなさい。（完答4点）〔岐阜―改〕

ア 小さな箱がある。　イ 今日も空は青かった。
ウ 決して忘れない。　エ 教室は静かであった。

（　　　・　　　）

(4) 次の文の――線部ア～エのうち、意味・用法が異なるものを一つ選び、記号で答えなさい。（4点）〔徳島―改〕

・生活の中心は宮廷《きゅうてい》であり、その宮廷をとりまく京の町に住むことにあらゆる意味での優越《ゆうえつ》性が感じられるのである。
・都に住む人々がたいした人物だとほめたたえ、山里まで出向いた。

（　　　）〔和歌山―改〕

(5) 「身体はもはや自分のものではない」の「ない」と同じはたらきをしているものとして最も適切なものを次から選び、記号で答えなさい。（4点）

ア 雨のため外で遊べず、面白《おもしろ》くない。
イ 渋滞《じゅうたい》で車がなかなか前に進まない。
ウ 暖冬のため、今年は雪が少ない。
エ 赤信号で止まらなければならない。

（　　　）〔島根〕

4 次の文の――線部と同じ用法の言葉が含《ふく》まれている文をあとから三つ選び、記号で答えなさい。（4点×3―12点）

このレクリエーション施設《しせつ》は、とても快適で健全だ。

ア 向こうに見えるのが最上《もがみ》川だ。
イ この店のスチール家具は強固だ。
ウ 昨夕に電話をしたのは、実は僕《ぼく》だ。
エ その方法がいちばん効率的だ。
オ Hさんのおじいさんは頑固《がんこ》だ。
カ あの白い建物は病院だ。

（　　・　　・　　）

5 次の文の――線部のはたらきとして最も適切なものをあとから選び、記号で答えなさい。（2点×4―8点）

(1) 穏《おだ》やかな小春日和《びより》が続く。（　　）
(2) 今いちばん楽しいのは、S先生の授業だ。（　　）
(3) 硬式《こうしき》でも軟式《なんしき》でも、テニスは力まずに、球を軽く返すことがコツだ。（　　）
(4) Fさんはよく発言し、学校での態度は積極的だ。（　　）

ア 主語　イ 述語　ウ 連体修飾《しゅうしょく》語　エ 連用修飾語

6 次の形容詞・形容動詞の組み合わせとして最も適切なものをあとから選び、記号で答えなさい。（2点×2―4点）

(1) 名高い（　　）　(2) ご立派だ（　　）

ア 動詞＋形容詞　イ 動詞＋接尾《せつび》語
ウ 接頭語＋形容動詞　エ 形容動詞の語幹＋接尾語
オ 名詞＋接尾語（形容詞）

Step A　Step B　Step C①

時間 30分　合格点 80点　得点 点

解答▼別冊11ページ

月　日

1 次の文の――線部の品詞をあとから選び、記号で答えなさい。（2点×5―10点）

(1) 来るつもりか。（　　）

(2) 鞭《むち》打ってさえ走った。（　　）

(3) おい、どこへ行くんだ。（　　）

(4) 静かに恥《は》ずかしがってうなだれていた。（　　）

(5) 見慣れない高貴で美しい少女。（　　）

ア 名詞　イ 動詞　ウ 形容詞　エ 形容動詞
オ 副詞　カ 連体詞　キ 接続詞　ク 感動詞
ケ 助動詞　コ 助詞

〔三田国際学園高〕

2 次の文章の――線部ⓐ～ⓓには、品詞の異なるものが一つある。その記号と品詞名を答えなさい。（完答7点）

ただし、読むということはもともと受動的なものなので、どうかすると、読みっ放《ぱな》しということになりかねない。ⓐそこで、読むという立場に、書くという能動的な立場を意識的に導入して、よい文章を身近に引きつけることにより、その環境《かんきょう》づくりをⓑいっそう効果的なものにすることができる。

よい文章は、ⓒ必ず独特の優《すぐ》れた文体を持っている。それが何に由来するかを解明しながら読んでいくのもよいであろう。時には、その文章を書き写して肌《はだ》でその美点を感得するのもよい。

このように、読書に作文の立場を割り込《こ》ませて、読書を読みっ放しという消費的なものに終わらせず、生産的なものにしていくように、ⓓ常に心がけよう。（　・　）

〔長崎―改〕

難 **3** 次の文の＝線部「い」には、一つだけほかと性質の異なるものがある。その記号を答えなさい。（7点）

ア どこに行ってもコスモスの咲《さ》いているその村を、あちらこちらと歩き回っていた。

イ 彼女《かのじょ》はきまり悪そうに笑い、私のほうに近づいてきた。

ウ 「やあ、肩《かた》に葉っぱがくっついてらあ！」と頓狂《とんきょう》な声を出した。

エ この村特有の訛《なまり》のある若者らしい声でこんなことを言っているのを聞くともなく聞いていた。

オ 父はいつもの、その優《やさ》しい感情を強《し》いて私に見せまいとするような、乾《かわ》いた声で私を叱《しか》った。（　　）

〔洛南高―改〕

4 次の――線部①～④の動詞の活用の種類と活用形をそれぞれ答えなさい。（完答4点×4―16点）

僕《ぼく》は、サッカークラブの入団テストを受けるために、グラウンドへと急いだ。そこには、意外な人物も①来ていた。いつも教室で難しそうな本ばかり②読んでいる鈴木《すずき》君だ。おとなしそうな彼《かれ》がサッカーを③するなんて思いもしなかった。真新しいスポーツウェアを④着て緊張《きんちょう》した顔で立っていた。

① （　　活用・　　形）　② （　　活用・　　形）

③ （　　活用・　　形）　④ （　　活用・　　形）

〔大阪女学院高－改〕

5 次の各文の＝＝線部の品詞名を答えなさい。（6点×5―30点）

(1) 私は一か月ほど大人に交じって働いた。（　　）

(2) こりゃあ素晴《すば》らしいことだといって、私の給金を仏壇《ぶつだん》に供えた。（　　）

(3) 父には拝むに値する尊い、記念すべきできごとだったと納《なっ》得《とく》されるのである。（　　）

(4) 自分一人の力で稼《かせ》ぎ、食べるためにはなりふりなどかまっていられない。それこそが人間の値打ちであり強さなのだ……。（　　）

(5) せっかく稼いできたのに、わざわざそんなことをしなくても……。（　　）

〔堀越高〕

重要

6 次の(1)・(2)の文における――線部のうち、ほかの言葉と性質が異なるものを一つ選び、記号で答えなさい。（5点×2―10点）

(1)
ア さんざんだだをこねたのです。
イ 母親はぶつぶつ文句を言っていました。
ウ 妙《みょう》に静かなのです。
エ 幼い私にはほとんど理解できませんでした。
（　　）

(2)
ア もう何日も海に行っていないことに気づきました。
イ どうして海へ行かないの。
ウ 作品を書かなくてもよいですか。
エ そのようなことはないのです。
（　　）

〔トキワ松学園高－改〕

7 次の問いに答えなさい。

(1) 「子どもたちは、私の質問に口々に答えてくれた」の「答え」の活用の種類と活用形を答えなさい。（完答7点）

（　　・　　形）

(2) 次の文の「もし」の品詞名を答えなさい。また、修飾《しゅうしょく》している言葉を一文節で抜《ぬ》き出しなさい。（4点×2―8点）

もしあの時彼《かれ》がいなかったら、町はどうなっていただろう。

品詞名（　　）　修飾（　　）

〔高知－改〕

(3) 次の文の――線部「あり」のうち、意味・用法が異なるものを一つ選び、記号で答えなさい。（5点）

ア 古い言葉や表現が急速に忘れられつつあります。
イ 日本語がなくなったらどうなるかという問題を考えてみたことはありますか？
ウ 日本語には擬声《ぎせい》語、擬態語が豊かに存在しますが、英語にはあまりありません。
エ 文化にはさまざまな素材があり、その素材によって織り成される文化は、異なります。
（　　）

〔長野〕

時間 30分　合格点 80点　得点　点
月　日
解答▼別冊12ページ

1 次の文章を読んで、あとの問いに答えなさい。

今年の夏は、かなり気温が高く、①過ごしにくい日が多かった。わたしたち家族は、夏休みを利用して、父の実家がある山形へ旅行し、②のんびり過ごした。

山形はおそらく東京より涼《すず》しいと思っていた。しかし、それほど涼しいところではなく、とても驚《おどろ》いた。

（山形―改）

(1) ――線部①と同じ種類の形容詞が使われている文として最も適切なものを次から選び、記号で答えなさい。（5点）

ア 誰《だれ》よりも彼《かれ》が男らしい。
イ 飲み物を頼《たの》んでほしい。
ウ 席に余裕《よゆう》がない。
エ 彼は名高い学者である。

（　　）

(2) ――線部②と同じ種類の副詞が使われている文として最も適切なものを次から選び、記号で答えなさい。（5点）

ア 決してあきらめない。
イ しばらく見ていない。
ウ もっと食べたい。
エ おおむね順調だ。

（　　）

(3) 記述 この文章には、副詞と呼応した言葉を補ったほうがわかりやすくなる一文がある。その一文を適切な言葉を補って答えなさい。（8点）

（　　）

2 難 次の文を例にならって単語に分け、自立語の場合は品詞名を答えるとともに、活用する場合には活用形も答えなさい。（完答10点×2―20点）

例

名詞		副詞	形容動詞 終止形
今夜	は	とても	静かだ。

(1) 決して約束に遅《おく》れることがない。（徳島―改）

(2) うまく使いこなせなくなってしまう。（慶應義塾女子高―改）

3 「自分は決して明るい方ではないと思っても」について文法的に説明した次の文のA～Dに入る適切な言葉を答えなさい。（5点×4―20点）

「決して」の品詞はAであり、Bに係るC修飾《しゅうしょく》語である。また「明るい方」の「方」を本来の意味が失われたD名詞という。

4 次の問いに答えなさい。

A（　　）　B（　　）
C（　　）　D（　　）
〔長崎－改〕

(1) 次の文の――線部の品詞名を答えなさい。（3点×2―6点）

① 人柄《ひとがら》というのは意図的に操作できるものではない。やはり、自然とにじみ出るものである。（　　）

② おそらくそのような努力をしていないのではなかろうか。また自分があまり好ましいと感じていない人をよく観察してみることである。（　　）

(2) 次の文の――線部「こそ」のはたらきとして最も適切なものをあとから選び、記号で答えなさい。（5点）

実際の自分に自信がないからこそ、他人に自分を良く印象づけようとしているのであるが、実際の自分に自信がもてるようになるのが先決である。

ア 反語を表す　イ 否定を表す
ウ 強調を表す　エ 疑問を表す

（　　）〔高知－改〕

重要

5 次の文の――線部「ない」と、言葉のきまりの上ではたらきが異なるものをあとから一つ選び、記号で答えなさい。（5点）

私は、うれしく感じるとともに、多少奇異な気持ちにとらわれて、母の顔をまじまじと見つめないではおれなかった。

ア 母とひともんちゃく起こさないではおれなかった。
イ 子どものおもちゃではないか。
ウ 決して腹をたてないで。
エ ごちそうに目をくれようともしないのだった。
オ 自分ではなかなか思いきれない。

（　　）〔熊本－改〕

6 次の文の――線部の品詞名をそれぞれ答えなさい。（3点×7―21点）

(1) 電車で行くべきか、あるいは徒歩で行くべきか。
(2) 私が着いたとき、バスは既《すで》に出てしまっていた。
(3) 僕《ぼく》の荷物だけが少ない。
(4) ほら、きれいな星空が見えるよ。
(5) そこから見ると、のどかな春の田んぼが広がっていた。
(6) 私も、たった今着いたところです。
(7) 朝からとんだ災難に見舞《みま》われたものだ。

(1)（　　）(2)（　　）
(3)（　　）(4)（　　）
(5)（　　）(6)（　　）
(7)（　　）
〔多摩大目黒高－改〕

記述

7 次の言葉の中から文法的性質がほかと異なるものを一つ選び、記号で答えなさい。また、その理由についても答えなさい。（完答5点）

ア 現れる　イ 滅《ほろ》びる　ウ 降ろす　エ 助かる

記号（　　）

理由（　　）

〔山手学院高－改〕

10 助詞

解答▼別冊13ページ

1 〔助詞とほかの品詞との識別〕次の文章の——線部ア〜チから助詞をすべて選び、記号で答えなさい。

僕《ぼく》が中学二年のときである。一月も残り少ないある日、古河《こが》へ買い物に行き、帰り道に本屋へ寄って何げなく工作雑誌を開いた。すると三台のゴーカートの写真が目に入った。どれも中学生が作ったものだと書いてあり、その人たちの記事も載《の》っていた。それを読んでいくうちに僕も作ってみたくなった。「そうだ、こんなことができるのは今のうちじゃないか……。」

（　　　　　）

重要 **2** 〔助詞の意味・用法の識別〕次の(1)〜(3)の文における——線部の助詞の意味・用法として、最も適切なものをそれぞれあとから選び、記号で答えなさい。

(1)
① 燃え尽《つ》きて灰となった。（　）
② 秋になると紅葉が見られる。（　）
③ 父と食事する。（　）
④ ちょっと考えるとわかりそうなのに。（　）

ア 相手を表す　イ 変化の結果を表す　ウ 連体修飾《しゅうしょく》語になる
エ 仮定の順接の接続助詞　オ 確定の順接の接続助詞

(2)
① 東京から広島へ行く。（　）
② 暑いから体がだるい。（　）
③ チーズは牛乳から作られている。（　）

ア 原料・材料を表す　イ 原因・動機を表す
ウ 手段を表す　エ 起点（出発点）を表す

解法のポイント

❶ 助詞の性質
(1) 付属語で活用がない。
(2) 語と語の関係を示したり、いろいろな意味を添《そ》えたりするはたらきをする。

❷ 助詞の種類とはたらき
(1) 格助詞…体言および体言に準ずる語（用言や助動詞の連体形、助詞「の」）につき、文節相互《そうご》の関係を示す。
① 「が」…主に主語であることを示す。
・雨が降る。
・食べるのが好き。
② 「の」…主に主語や連体修飾語であることを示す。
・風の強い日（主語）→風が強い日
・昨日の夕食（連体修飾語）
例 に、を、と、で、から、より、や、へ
(2) 接続助詞…主に用言や助動詞につき、接続詞と同様に文節と文節をつなぐはたらきをする。

(3)
① これさえあれば、ほかのものはいらない。（　）
② 動くことさえできないのだ。（　）
③ どうしようもないうえに、頼《たの》みの綱《つな》さえなくなった。（　）

ア 添加《てんか》を表す　イ 最低限度を表す　ウ 一例を挙げてほかを類推させる

重要

3 〔助詞の意味・用法の識別〕次の文の――線部の助詞と同じ意味・用法の助詞として、最も適切なものをそれぞれあとから選び、記号で答えなさい。

(1) 体育館でバレーボールをする。（　）

ア ボールペンで書く。　イ 寒さで動きが鈍《にぶ》る。

ウ 図書館で本を読む。　エ 強い風雨で列車は運休だ。

(2) ここに来るまで一時間ばかりかかった。（　）

ア 自分のことばかり考えている。　イ 一週間ばかりかかる。

ウ きれいなばかりで役には立たない。　エ テレビばかり見ている。

4 〔助詞の意味・用法の識別〕次の(1)・(2)の文における――線部のうち、ほかの言葉と意味・用法の異なるものをそれぞれ一つ選び、記号で答えなさい。

(1)（　）
ア 日陰《ひかげ》がないからとても暑い。
イ 暖かだから果物がよく実る。
ウ まだ子どもだからよくわからない。
エ スタートラインからいっせいに走り出す。

(2)（　）
ア 野菊《のぎく》が道端《みちばた》に咲《さ》いている。
イ 体育館に集まる。
ウ 大きな犬にほえられる。
エ 青空にトンビが舞《ま》っている。

---

① 「ながら」…用言・名詞・助動詞などにつき、動作が同時に行われていることを示したり、逆接を示したりする。
・食事をしながら話をする。（動作の並行）
・老人ながら元気だ。（確定の逆接）

② 「ので」…用言や助動詞の連体形につき、あとに続く文の「原因・理由」を表す。
・早起きしたので、眠《ねむ》い。（確定の順接）

例 ば、と、ても、けれども、が、のに、て、から

(3) 副助詞…いろいろな品詞につき、意味をつけ加える。

例 も、こそ、さえ、ばかり、だけ、でも、くらい（ぐらい）

(4) 終助詞…文節の切れ目や文の終わりにつき、疑問や感動などを表す。

例 か、の、な、ね、よ、わ

❸ 助詞の識別

意味の識別や、ほかの品詞との識別問題は頻出《ひんしゅつ》なので、しっかり押《お》さえる。
意味の識別→「さえ」「ばかり」「の」など。品詞の識別→「で」「に」など。

Step A　Step B①　Step C

月　日

時間	合格点	得点
30分	80点	点

解答▼別冊13ページ

1 次の文の——線部ア〜チから助詞を十個選び、記号で答えなさい。（2点×10—20点）

・人生はア いつも楽しく、美しく、うれしいことイ ばかりウ ではない。

・目のエ 覚めるようオ な美しい風景が広がっていまカ す。

・雲がキ 山の向こうからク 湧《わ》きあがケ る様子をコ、水のない川を渡《わた》りながらサ 眺《なが》めた。

・平常、物を言わぬシ 人が、たまに口を開いたのでス、何を言うかセ と耳を傾《かたむ》けると、ばかげたソ ことを、もっともらしくタ しゃべっただけチ だった。

（　・　・　・　・　）
（　・　・　・　・　）

2 次の文の——線部の助詞は、ア 格助詞・イ 接続助詞・ウ 副助詞・エ 終助詞のどれか。それぞれ記号で答えなさい。（2点×6—12点）

(1) よし、がんばるぞ。（　）

(2) 寒気が南下した。（　）

(3) それくらいで驚《おどろ》くことはない。（　）

(4) 雪が降っても積もらない。（　）

(5) 食事を済《す》ませてから参ります。（　）

(6) 良いものもあれば、悪いものもある。（　）

重要

3 次の文の——線部と同じ意味・用法の助詞として、最も適切なものをそれぞれあとから選び、記号で答えなさい。（4点×6—24点）

(1) 風がないのに木の葉がゆれている。（　）

ア 私のに妹のを加えると二十いくつになる。

イ 来いというのに来ない。

ウ 大きいのになると三十センチもあった。

エ 混ぜるのにかなり時間がかかった。

(2) 風の吹《ふ》く日は肌寒《はださむ》い。（　）

ア 山の天気は変わりやすい。

イ 形がいいのを好む。

ウ 海の荒《あ》れる日が続く。

エ 磨《みが》きをかけるのに三時間かかった。

(3) 子どもでもよく知っている。（　）

ア 里でも熊を見かけた。

イ 猿《さる》でも見分けがつくよ。

ウ 日陰《ひかげ》でも花は咲《さ》いている。

エ 学校の売店でも売っているよ。

(4) 雨が降って行けなかった。（　）

ア 海岸に波がうち寄せている。

イ 思わず涙《なみだ》が出てきた。

ウ 大きくて強そうだ。

エ 涼《すず》しくなって元気が出てきた。

(5) おーい、雲よ、どこまで行くのか。
ア 子どもにまでばかにされる。
イ 小犬にまで激しくほえられる。
ウ 村外れまで見送った。
エ 魚にまで逃《に》げられる。
（　　）

(6) そんなことがあっていいものか。
ア この美しさを言葉にできようか。
イ 明日は何時に集合するのですか。
ウ これがキンメダイという魚ですか。
エ さて、どこに隠《かく》してあるのか。
（　　）

重要

4 次の(1)～(5)の——線部のうち、ほかの言葉と意味・用法の異なるものを一つずつ選び、記号で答えなさい。（4点×5—20点）

(1)
ア 馬の走る姿を描《えが》いている。
イ 山の稜線《りょうせん》がくっきりと見える。
ウ 電線の風に鳴る音が激しい。
エ 父の作ったオムレツもけっこうおいしい。
（　　）

(2)
ア 小刀で削《けず》った。
イ 竹のへらで塗《ぬ》りつけた。
ウ 棒でつつき出した。
エ 大雨で畑が水浸《みずびた》しになった。
（　　）

(3)
ア 水さえあれば何日間かは生き延《の》びられる。
イ あとは時間さえあれば問題はない。
ウ S君は筆記用具さえ持ってこない。
エ 風邪《かぜ》さえひかなければ健康体なのに。
（　　）

(4)
ア お金を持っていながら払《はら》おうとしない。
イ 答えを知っていながら教えてくれない。
ウ 海辺にいながら、泳ぎも魚も嫌《きら》いだ。
エ 汗《あせ》をふきながら長い石段をのぼった。
（　　）

(5)
ア 食欲不振《ふしん》で体が弱ってきた。
イ 満員でバスに乗れなかった。
ウ 飛んで火に入る夏の虫とはこのことだ。
エ けがで学校を休む。
（　　）

5 次の文の——線部の助詞の意味・用法として最も適切なものをあとから選び、記号で答えなさい（同じ記号は二度使えません）。（3点×8—24点）

(1) 石油からビニール袋は作られる。（　　）
(2) 砂山に突《つ》っ込《こ》むよりほかに方法がなかった。（　　）
(3) 今日は二時間ほど本を読んだ。（　　）
(4) 春が来れば花が咲き出す。（　　）
(5) 西へ向かって旅をする。（　　）
(6) そのことについては私も知らないのです。（　　）
(7) 太陽とか月とかの天体が好きだ。（　　）
(8) 何やら大声が聞こえる。（　　）

ア 上の条件があれば、いつも下のようなことが起きる
イ 類似《るいじ》するほかのものを類推させることを表す
ウ 場所を表す　エ 限定を表す　オ 禁止を表す
カ 程度を表す　キ 原料を表す　ク 不確実を表す
ケ 方向を表す　コ 例示を表す

時間 30分
合格点 80点
得点 点

月 日

解答▼別冊14ページ

重要
1 次の文の――線部の助詞と同じ意味・用法の助詞として、最も適切なものをそれぞれあとから選び、記号で答えなさい。（5点×4―20点）

(1) 何もしゃべらず渡船《とせん》が立てる波ばかり見ている。
ア 五日ばかりたった。
イ まばゆいばかりに輝《かがや》いている。
ウ 昨日会ったばかりだ。
エ あの人の到着《とうちゃく》を待つばかりだ。
（　　）〔愛知―改〕

(2) どこから流されてきたのだろう。
ア このココアは熱いから気をつけて飲んでください。
イ やると決めたからには、最後までやり遂《と》げよう。
ウ 自宅から市役所まで歩くと二十分以上かかります。
エ 豆腐《とうふ》をはじめ、大豆から作られる食品は多くある。
（　　）〔新潟―改〕

(3) 今日はそれほど寒くないのに、雪が降っている。
ア 私のにも、そのスタンプを押《お》してください。
イ この本を読むのに、十日もかかった。
ウ このペンは、安価なのに、使いやすい。
エ 肉を切るのに、ナイフを使う。
（　　）〔都立白鷗高―改〕

(4) エビで鯛《たい》を釣《つ》るなんて、思いもよらなかった。
ア 映画館はどこも満員だった。
イ 一日も休まず、クラブ活動に参加した。
ウ 小雨が降っても、試合は中止しない。
エ 山田君もいっしょに出かけた。
（　　）〔都立国分寺高―改〕

重要
2 次の問いに答えなさい。（5点×5―25点）

(1) 次の文の――線部①～③の「の」のはたらきの説明として最も適切なものをそれぞれあとから選び、記号で答えなさい。
・修行をするには何処《どこ》かへ奉公《ほうこう》するの①が近道でしょう。
・古狐《ふるぎつね》という渾名《あだな》②のある狡猾《こうかつ》な医者の女房《にょうぼう》です。
・あなたの③ようなばか正直では世の中は渡《わた》っていけません。
ア 主語を表す　　イ 連体修飾語《しゅうしょく》を表す
ウ 体言に準ずるもの　　エ 疑問の意味を表す
オ 軽い断定を表す
①（　　）②（　　）③（　　）〔城北高（東京）―改〕

(2) 次の――線部「の」から、①連体修飾語を作る助詞・②体言に準ずるはたらきをする助詞をそれぞれ一つずつ選び、記号で答えなさい。
ア 売り場の主任が話しかけた。　　イ 熱帯魚の売り場なのに。
ウ 動物の好きな人。　　エ この猿《さる》を買うことにした。
オ「今もそうなの。」　　カ 売っているのを見物した。
①（　　）②（　　）〔東京学芸大附高―改〕

3 次の文章を読んで、あとの問いに答えなさい。（5点×5―25点）

上野村では、春になる①と、私は「これで何②も困らない季節がきた」という気持ちをいだく。その頃《ころ》、野原には、フキノトウ、ノビル、ヨモギ、ヤマミツバ③と、食べられる野の草が芽を出している。もう少したてば、タラの芽やヤマウド④も姿をみせるだろう。水辺にはセリがはえ、釣りも解禁になった。畑作もはじまり、その畑のまわりでは鳥たちが春の声を響《ひび》かせている。そんな春の景色に包まれていると、私には「何も困らない季節が戻《もど》ってきた」という安心感が芽生えてくる。

（内山節《うちやまたかし》『「里」という思想』）

(1) ――線部①・③の「と」について説明した、次の文の［Ａ］～［Ｃ］に入る適切な言葉をそれぞれ漢字二字以内で答えなさい。

①の「と」のはたらきは、［Ａ］の順接である［Ｂ］助詞で、③の「と」は引用を表す［Ｃ］助詞である。

Ａ［　　］
Ｂ［　　］
Ｃ［　　］

(2) ――線部②・④の「も」と同じ意味・用法のものとして最も適切なものをそれぞれあとから選び、記号で答えなさい。

ア 委員会にいつも彼《かれ》だけが参加しない。
イ 同じことを何回も言わせるな。
ウ 三千円もあれば、気に入った服が買えるよ。
エ 私も同じものをください。
オ どんなに考えても結論が出ない。

②（　　）④（　　）

重要

4 「さえ」に関する次の問いに答えなさい。（5点×2―10点）

(1) 次の文の――線部「さえ」のうち、意味がほかと異なるものを一つ選び、記号で答えなさい。

ア 休まず練習さえすれば上達するだろう。
イ 時間さえあればきっと解決できると思います。
ウ 壊《こわ》れてさえいなければ汚《よご》れは気になりません。
エ 雨足が強まっただけではなく、雷《かみなり》さえ鳴り出した。

（　　）〔都立産業技術高専〕

(2) 「現代の社会問題を解く鍵《かぎ》はここにあるとさえ思っています」の「さえ」と同じような意味で使われているものとして、最も適切なものを次から選び、記号で答えなさい。

ア これは大学生のお兄さんさえ解けない問題だ。
イ 自分さえよければよいという考えは嫌《いや》だ。
ウ 試合は、悪天候でさえなければ行われる。
エ 私の母は、暇《ひま》さえあれば本を読んでいる。

（　　）〔山梨〕

5 次の文から助詞を含《ふく》む文節をそれぞれ三つ抜《ぬ》き出しなさい。（完答10点×2―20点）

(1) 僕《ぼく》の場合、奇跡《きせき》的に、旅行に行けるほど元気になりました。

（　　・　　・　　）

(2) 最寄《もよ》りの駅で待ち合わせ、それから、静かでおいしいレストランに行こう。

（　　・　　・　　）

11 助動詞

Step A　Step B　Step C

月　日

解答▼別冊14ページ

1 〔助動詞とほかの品詞の識別〕 次の文の――線部ア～ヌから助動詞を十個選び、記号で答えなさい。

・かかった金は五万二千円。ちょっと使いすぎ(ア)ようだ(イ)が、むだに使った(ウ)と は(エ)思えない(オ)。

・心に響《ひび》く深い喜びや感動が(カ)、人に伝えたい(キ)、鮮明《せんめい》に しる(ク)しておきたいという思いを誘《さそ》うだろ(ケ)う。

・普通《ふつう》にハチを働かせ(コ)れば、当然ハギのみつもソバのみつも集め(サ)られ(シ)てしまう(ス)。

・公会堂では、敬老会があるらしく(セ)、お年寄りの笑いさざめく(ソ)にぎやかな(タ)声が聞こえ(チ)てき(ツ)て、実に楽し(テ)そうだっ(ト)た。

・太郎兵衛《たろべえ》の娘《むすめ》両人とせがれとがまいり(ナ)まして、年上の娘が願書をさしあげ(ニ)たいと申します(ヌ)ので、これに預かっております。

（　・　・　・　・　・　・　・　・　・　）

重要

2 〔助動詞の意味〕 次の(1)～(6)の文における――線部の助動詞の意味として、最も適切なものをそれぞれあとから選び、記号で答えなさい。

(1)
① 先生がわかりやすく説明される。
② カーブのあたりで抜《ぬ》かれる。
③ 体調がよくなったので、自分で起きられる。
④ 秋になると故郷のことが思い出される。

(2)
① 夕方から雨が降るそうだ。
② 曇《くも》ってきてひと雨きそうだ。

①（　　）②（　　）③（　　）④（　　）①（　　）②（　　）

解法のポイント

❶ 助動詞の性質
(1) 付属語で活用がある。
(2) 用言や体言について、いろいろな意味を添《そ》えるはたらきをする。

❷ 助動詞の種類とはたらき
(1) 意味を加える助動詞…用言に接続。
① 「れる」「られる」…受け身／尊敬／自発／可能
・父に助けられる。（受け身）
・先生が言われる。（尊敬）
・学生時代が思い出される。（自発）
・投げられるようになった。（可能）
② 「せる」「させる」…使役
③ 「たい」「たがる」…希望
(2) 判断を表す助動詞…用言、その他の語に接続。
① 「だ」…断定
② 「そうだ」「そうです」…伝聞／推定・様態
・雨が降るそうだ。（伝聞）

(3)
① 泳ぐ様子はまるで魚のようだ。（　）
② どうやら全員そろったようだ。（　）
③ 鈴木《すずき》さんのような誠実な人になりなさい。（　）

(4)
① 梅はまだ咲《さ》くまい。（　）
② あんな所へは二度と行くまい。（　）

(5)
① 海に面した白い家。（　）
② バスは今出発したところだ。（　）
③ 今から四十年も前のことだった。（　）

(6)
① 明日、君も山に行こう。（　）
② もうすぐ冬が来るだろう。（　）
③ 僕《ぼく》だけで一度やってみよう。（　）

ア 比喩《ひゆ》　イ 受け身　ウ 否定の推量　エ 存続　オ 断定　カ 推定・様態
キ 推定　ク 否定の意志　ケ 自発　コ 過去　サ 例示　シ 可能
ス 意志　セ 完了《かんりょう》　ソ 伝聞　タ 推量　チ 尊敬　ツ 勧誘《かんゆう》

重要

3

〔助動詞の意味・用法の識別〕次の(1)・(2)の文における——線部の助動詞のうち、ほかの言葉と意味・用法の異なるものをそれぞれ一つ選び、記号で答えなさい。

(1)
ア この調子では、雨は降るまい。
イ 若いからといってあまり無理なことはしまい。
ウ 慎重《しんちょう》な彼《かれ》のことだから、みすみす危険な行動には出まい。
エ 今から行ったところで、欲《ほ》しいものは一つもあるまい。
（　）

(2)
ア 武士らしくいさぎよく腹を切れ。
イ 彼《かれ》は、ものの言い方、行動、態度が実に男らしい。
ウ 彼女《かのじょ》ははっきり断ったらしい。
エ ちょっとした女性らしいしぐさにも大人になったと感じられる。
（　）

・雨が降りそうだ。（推定・様態）
③「ようだ」「ようです」…推定／比喩《ひゆ》／例示
・まだ小学生のようだ。（推定）
・まるで小学生のようだ。（比喩）
・父のような男になりたい。（例示）
※「ようだ」の意味の見分け方
「どうやら～らしい」と言い換《か》えられると推定、「まるで～のようだ」と表せる場合は比喩、「たとえば～のように」と表せる場合は例示となる。
④「ない」「ぬ（ん）」…否定（打ち消し）
⑤「う」「よう」…意志／勧誘／推量
⑥「まい」…否定の推量（「～ないだろう」の意）／否定の意志（「～ないようにしよう」の意）
⑦「た（だ）」…過去／完了／存続
・昔はやせていた。（過去）
・宿題がやっと終わった。（完了）
・部屋に貼《は》ったポスター。（存続）
⑧「らしい」…推定
(3) 丁寧《ていねい》の意味を表す助動詞
①「ます」…丁寧
②「です」…丁寧な断定

Step A
Step B
Step C

時間 30分
合格点 80点
得点 点

月 日

解答▼別冊15ページ

重要

1 次の文の――線部と同じ意味・用法の言葉として、最も適切なものをそれぞれあとから選び、記号で答えなさい。（4点×4―16点）

(1) 雪解けが進んだスキー場の周辺を散策してみる。
ア 思いやりの心が大切だと改めて実感した。
イ 今日は寒くなりそうだから、コートを着て行きなさい。
ウ 彼《かれ》は日本に来てまだ三か月だが、驚《おどろ》くほど日本語を上手に話す。
エ 朝から思う存分泳いだので、午後からは勉強しよう。
（　　）〔新潟―改〕

(2) 彼女《かのじょ》の様子を見ていると、とても楽しそうだ。
ア 明日は一日中激しい雨が降るそうだ。
イ 予想していたとおり、彼は集合時間に三十分ほど遅《おく》れるそうだ。
ウ 今年の冬は一段と寒さが厳しいそうだ。
エ 週末は特に忙《いそが》しくなりそうだ。
（　　）

(3) まだ五月なのに今日の暑さは真夏のようだ。
ア この電車に乗っていないなら、どうやら彼女は来ないようだ。
イ あの雲の様子だと、山頂はかなり雪が降っているようだ。
ウ 無心に雪だるまを作る幼児の手は、まるで紅葉《もみじ》のようだ。
エ 冷夏だったので、リンゴの収穫《しゅうかく》はだいぶ遅《おく》れるようだ。
（　　）

(4) これは、物語によく合うようにフィクションとして作られた歌である。
ア 友達と約束した時刻に間に合うように出かけた。
イ あの選手は羽が生えたように軽《かろ》やかに走っている。
ウ 運動のあとで水を飲むと、気分が晴れるように思われる。
エ 会議の結果、委員会は以下のように結論を出した。
（　　）〔都立新宿高―改〕

2 次の文の――線部「れる」「られる」（終止形とは限らない。活用している場合や用言の活用形の一部の場合もある）と同じ意味・用法のものをそれぞれあとからすべて選び、記号で答えなさい（同じ記号は二度使えません）。（完答6点×6―36点）

(1) 突然《とつぜん》友人に声をかけられて、びっくりしてしまった。
（　　）
(2) アメリカに留学した息子のことが案じられてしかたがない。
（　　）
(3) この問題に答えられるとはすごい学生だ。
（　　）

(4) 本日の会議には、社長も出席される。（　　）

(5) 百メートルを十一秒で走れる中学生はそういない。（　　）

(6) 炭坑《たんこう》の閉山で町はさびれる一方だ。（　　）

ア これだけのせりふをすぐに覚えられますか。
イ 私は祖母にかわいがられて育ってきました。
ウ 学校から家まで十五分あれば帰れます。
エ 若者が美しい女性にあこがれるのも無理はない。
オ 手を伸《の》ばせば、すぐ取れる。
カ 今から明日が楽しみに待たれる。
キ この食堂では安くておいしいものが食べられます。
ク 水は高い所から低い所へと流れる。
ケ 子どもに泣かれると気が散っていけない。
コ 弟は兄にいじめられてばかりいる。
サ 冬は日が暮れるのが早い。
シ せっかく隠《かく》しておいたのに、弟に見つけられた。
ス 病気の母のことが思われてならない。
セ これからの時代は隠れた人材を発掘《はっくつ》しなければならない。
ソ ペニシリンはフレミングによって発見された。
タ 先生が言われたことを信じよう。
チ 年をとると昔の友人がしのばれる。
ツ 閉店時間になる前に、多くのお客様が帰られた。
テ 祖父は百歳《さい》ぐらいまで生きられそうです。
ト この車に六人乗れるかな。
ナ ジャングルジムに一人で登れる子はいるかな。
ニ 車窓から入る風が、ほおに冷たく感じられる。
ヌ 雨に降られてすっかりびしょ濡《ぬ》れになってしまった。
ネ 歩いても十分ぐらいで行かれる。

〔慶應義塾高－改〕

重要

3 次の文の――線部「ない」と同じ意味・用法のものとして、最も適切なものをそれぞれあとから選び、記号で答えなさい。（6点×8―48点）

(1) この店の品物は、スーパーと比べてもそんなに高くない。（　　）（　　）

(2) よく調べないで批判されたりしては困ります。（　　）（　　）

(3) 飼っている犬はいつも寝《ね》てばかりいてあまり食べない。（　　）（　　）

(4) 車のスピードは思ったより速くない。（　　）（　　）

(5) 今回は少ない人数だから、一人あたりの負担が大きくなる。（　　）（　　）

(6) 事故の詳《くわ》しい状況《じょうきょう》は、誰《だれ》もわからない。（　　）（　　）

(7) 持って来ていた傘《かさ》がない。（　　）（　　）

(8) この橋は今にも壊《こわ》れそうで危ない。（　　）（　　）

ア このビデオ、あまりおもしろくないね。
イ 今年の夏休みは旅行しないことになった。
ウ 管理不十分のため、この池の水は汚《きた》ない。
エ 今日は国語の授業がない日だ。

12 まぎらわしい語の識別 ①

月　日

解答▼別冊15ページ

1 〔動詞の活用〕次の文章の――線部の動詞の活用の種類をあとから選び、記号で答えなさい。

私は、①近づいて②来る足音を感じましたので、それが母だとばかり③思いこんで、両手を④さしだしました。だれかがそれを⑤とらえました。そうして、次の瞬間《しゅんかん》には、私は、先生――私の心の目をあらゆるものに⑥向けて⑦開いて⑧くださるため、いいえ、それよりもなによりも、私を⑨愛するために来てくださった――そのかたの両腕《りょううで》の中に強く⑩だきあげられました。

ア 五段活用　イ 上一段活用　ウ 下一段活用　エ カ行変格活用　オ サ行変格活用

①（　）②（　）③（　）④（　）⑤（　）⑥（　）
⑦（　）⑧（　）⑨（　）⑩（　）

重要

2 〔「ない」の識別〕次の文の――線部「ない」と同じ用法のものとして、最も適切なものをそれぞれあとから選び、記号で答えなさい。

(1) この料理はあまりおいしくない。
ア まだ夜は明けない。
イ ウィークデーのお祭りはにぎやかでない。
ウ この頃《ごろ》は近距離《きょり》しか走らない。
エ 十時になってもまだ起きない。
（　）

(2) 高価なものは買わない。
ア その話、いささか穏《おだ》やかでないね。
イ A君の家はここから遠くない。
ウ たった一人の食事は楽しくない。
エ 危険な所へは近づかない。
（　）

解法のポイント

❶ **サ行上一段活用動詞とサ行変格活用動詞**
・信じて〈信じる（ザ行上一段活用）／信ずる（サ行変格活用）
※サ行変格活用動詞「～ずる」には未然形の活用語尾《ごび》「ざ」がない。

❷ **「ない」の識別**
(1) **補助形容詞「ない」**…「は」を補っても意味が通じる。
・面白《おもしろ》くない。→面白くはない。
(2) **否定の助動詞「ない」**…「ぬ」に置き換《か》えても意味が通じる。
・本を読まない。→本を読まぬ。

❸ **「だ」の識別**
(1) **形容動詞の活用語尾**…「な」に置き換えて体言に続けることができる。
・君はきれいだ→きれいな君
(2) **断定の助動詞「だ」**…体言につき、「な」に置き換えることができない。
・あれが僕《ぼく》の学校だ。→学校な……×
(3) **過去・完了《かんりょう》・存続の助動詞「だ」**…動詞のイ音便形、撥《はつ》音便形につく。

(3) 道路にいきなり飛び出しては危ない。
ア その話にはのらないよ。
イ B君の動作は軽《かろ》やかでない。
ウ 汚《きた》ない部分を重点的にきれいにする。
エ まだ全員集まらない。
（　　）

3 〔「だ」の識別〕 次の文の――線部のうち、一つだけほかと性質が異なるものを選び、記号で答えなさい。

ア 父からの入学祝いは腕時計だ。
イ Sさんのとった態度は実に立派だ。
ウ Yさんの性格は温厚《おんこう》だ。
エ この島の気候は温暖だ。
（　　）

重要 **4** 〔品詞の識別〕 次の文の――線部と同じ意味・用法の言葉として、最も適切なものをそれぞれあとから選び、記号で答えなさい。

(1) あの家が伊藤《いとう》さん宅です。
ア 寒い季節がやってくる。
イ かすかな音でも聞き逃《のが》さない。
ウ あらゆる可能性を探《さぐ》ってみる。
エ 飛ぶ鳥を落とす勢いである。
（　　）

(2) どうかまた来てください。
ア 辞書で調べ、また参考書でも調べてみた。
イ 山また山を越《こ》えて旅をする。
ウ あの話、まさか知られてはいないだろう。
エ 空は晴れている。けれども波は高い。
（　　）

・夕飯はもう済んだ。

❹ 「ある」の識別
(1) **動詞「ある」**…活用がある。
・本がある。
(2) **連体詞「ある」**…活用がない。連体修飾《しゅうしょく》語になる。
・ある日

❺ 「で」の識別
(1) **助動詞「そうだ」「ようだ」の連用形の一部**…「そうで」「ようで」。
・今日は先生が来るそうである。
・今日は先生が来るようである。
(2) **接続助詞「で」**…動詞の撥音便形につく。
・ここで休んで行こう。
(3) **格助詞「で」**…場所・手段・材料・原因・数量を表す。
・遠足はバスで行く。(手段)
・遠足が雨で中止になった。(原因)
(4) **断定の助動詞「だ」の連用形**…体言につき、「な」に置き換えることができない。
・彼《かれ》は僕の父である。→父な……×
(5) **形容動詞の活用語尾**…「な」に置き換えて体言に続けることができる。
・海は穏やかで静かだ。→穏やかな海

Step A
Step B
Step C

時間 30分
合格点 80点
得点 点

月 日

解答▼別冊16ページ

重要
1 次の文の――線部と同じはたらきの言葉として、最も適切なものをそれぞれあとから選び、記号で答えなさい。（5点×7―35点）

(1) 約束の時間が過ぎたのに友人はまだ来ない。
ア 今日は一日中忙《いそが》しいが、明日は予定がない。
イ 父は決して弱音を吐《は》かない。
ウ 子どものあどけない笑顔は本当にかわいらしい。
エ 天気はあまりよくないが、海に行こう。
（　　）

(2) 彼《かれ》には語学に関する高い能力がある。
ア ある人物の本を探す。
イ 誰《だれ》もいない教室は、たいへん静かである。
ウ 教室に飾《かざ》ってある花。
エ この店の本店は東京にある。
（　　）〔長野―改〕

(3) 呼びかけられてドキリとした。
ア 故郷が懐《なつ》かしく思い出される。
イ 春には美しい桜の花が見られるだろう。
ウ 道端《みちばた》にゴミがたくさん捨てられていた。
エ 先生は本当にそう思われますか。
（　　）〔長崎〕

(4) 家具はまだ運んでありません。
ア 昔の風習が忘れられつつあります。
イ 政治問題を考えたことがありますか。
ウ スポーツの経験があまりありません。
エ この機械には問題があり、困っています。
（　　）〔福井―改〕

(5) 危機を脱《だっ》しようという機運が盛り上がる。
ア 今度の日曜日にはテニスをしようよ。
イ 待っていたように、彼女《かのじょ》がやって来た。
ウ 今日こそ映画を見ようと思う。
エ 父のような医者になりたい。
（　　）〔香川―改〕

(6) カンブリア爆発《ばくはつ》と呼ばれる劇的なドラマ。
ア 思い出される出来事は楽しかったことばかりだ。
イ 以前買った服でまだ着られるものが数多くある。
ウ 後輩《こうはい》から慕《した》われる先輩となるように努める。
エ 来週の朝礼では校長先生が話される予定だ。
（　　）〔群馬―改〕

(7) 同じ双子《ふたご》でも性格はこんなに違《ちが》う。
ア 勘違《かんちが》いで満点を逃《のが》し、自分に腹を立てた。
イ 私の父は公私の区別に厳しい人です。
ウ そういう例はほかにもあるらしい。
エ やり方を簡単に説明してください。
（　　）〔富山―改〕

2

次の文の——線部①・②の「より」の品詞と同じものとして、最も適切なものをそれぞれあとから選び、記号で答えなさい。また、その品詞名も答えなさい。（完答8点×2—16点）

外部の資源を活用したほうが、自分たちの組織内で業務を行うより①もより②高い成果が期待できる。

ア 弟と遊ぶ。　イ あの山に登る。　ウ ひたすら歩く。
エ 友のために歌う。　オ 雨が降らない。

①（　・　）　②（　・　）

〔長野—改〕

重要 3

次の(1)～(5)の文の——線部のうち、ほかの言葉と意味・用法の異なるものを一つずつ選び、記号で答えなさい。（5点×5—25点）

(1)
ア そのことをいちばん聞きたかったのだ。
イ このハンカチは誰のですか。
ウ これこそ私が探していた本だ。
エ あの宿に今晩泊《と》まるのだ。
（　　）

(2)
ア 橋の上で立ち往生《おうじょう》している。
イ グラウンドでサッカーの試合がある。
ウ 武家屋敷《やしき》の前で写真を撮《と》った。
エ 読んでごらん、おもしろいよ。
（　　）

(3)
ア O君のことだ、危ないことはしまいと思うよ。
イ もう二度と人の悪口は言うまい。
ウ もうこれ以上雨は降るまい。
エ この場所なら強い風も吹《ふ》くまい。
（　　）

(4)
ア 佐藤《さとう》さんはとても積極的である。
イ バスで三時間半もかかる所だ。
ウ 美術教室で、絵や習字の展示がある。
エ 台風で庭木が倒《たお》れた。
（　　）

(5)
ア 隣《となり》のおじいさんらしい人が通って行った。
イ 今日は中学校の卒業式らしい。
ウ 祇園《ぎおん》まつりは京都らしい行事だ。
エ 月曜日が休館らしいよ。
（　　）

4

次の(1)～(4)の文の——線部の品詞として最も適切なものをそれぞれあとから選び、記号で答えなさい（同じ記号を何度使ってもかまいません）。（3点×8—24点）

(1)
① 試合に出たが、負けてしまった。（　　）
② 試合に出た。が、負けてしまった。（　　）

(2)
① 入ろうとすると、先生が出てこられた。（　　）
② 入ろうとした。すると、先生が出てこられた。（　　）

(3)
① 橋の中ほどで花火を見物した。（　　）
② 気候は温暖で、住みやすい土地である。（　　）

(4)
① 全員直ちに東グラウンドに避難《ひなん》せよ。（　　）
② 声を荒《あら》げないでもっと穏《おだ》やかに話し合おう。（　　）

ア 形容動詞の活用語尾《ごび》　イ 形容詞　ウ 接続詞
エ 動詞＋助詞　オ 助詞　カ 副詞
キ 連体詞　ク 名詞＋助動詞　ケ 形容動詞

13 まぎらわしい語の識別 ②

Step A　Step B　Step C

月　日

解答▼別冊17ページ

重要

1 〔「の」の識別〕次の文の――線部「の」と同じ用法の「の」として、最も適切なものをそれぞれあとから選び、記号で答えなさい。

(1) 字の上手な人にお手本を書いてもらう。

ア 教室の窓を開けて外を眺《なが》めた。
イ 久しぶりに月の見える夜です。
ウ 彼《かれ》はチームで一番走るのが得意だ。
エ 庭に咲《さ》いている花の名前を覚える。

（　　）〔日本大豊山高〕

(2) 重い荷物を運ぶのは大変だ。

ア 近所のスーパーで雰囲気《ふんいき》のよい店員さんと話す。
イ もう初夏なのにとても寒い。
ウ 天気のいい日に歩くのは気持ちがいい。
エ こんな時間にどこに行っていたの。

（　　）

(3) 装置の点検をしてから出発する。

ア「真夏の夜の夢」という有名な演劇を鑑賞《かんしょう》する。
イ 友人の頼《たの》んだパスタランチがおいしそうだ。
ウ 私のを貸してあげるよ。
エ お腹が空いたので何か食べよう。

（　　）

2 〔「ながら」の識別〕次の文の――線部「ながら」の用法として、最も適切なものをそれぞれあとから選び、記号で答えなさい。

(1) 部屋にいながら高級レストランの味を楽しむ。

解法のポイント

❶「の」の識別
(1) 修飾《しゅうしょく》語をつくる格助詞…連体修飾語をつくる。名詞＋「の」＋名詞。
・花の香り
(2) 主語を表す格助詞…「が」に置き換《か》えられる。
・母の作ったご飯→母が作ったご飯
(3) 体言に準ずる格助詞…「こと」「もの」に置き換えられる。
・走るのが好き→走ることが好き
(4) 並立の関係を表す格助詞…「とか」に置き換えられる。
・やるのやらないのと騒《さわ》ぐ
→やるとかやらないとか騒ぐ

❷「ながら」の識別
(1) 動作の並行を表す接続助詞
・本を読みながら食べる。
(2) 確定の逆接
・傷つきながらも完遂《かんすい》した。

❸「れる」「られる」の識別
(1) 受け身の助動詞
・飼い犬に手をかまれる。

(2) 昔ながらの様式を残す家屋。
(3) 実力がありながらそれを隠《かく》す。
(4) 彼女《かのじょ》は泣きながら怒《おこ》っていた。

ア 接続助詞で、動作の並行を表す。
イ 接続助詞で、確定の逆接の意を表す。
ウ 接尾《せつび》語で、ある状態が続くことを表す。

(1)（　　）(2)（　　）(3)（　　）(4)（　　）

3 〔品詞の識別〕次の文の――線部と同じ用法の言葉として、最も適切なものをそれぞれあとから選び、記号で答えなさい。

(1) 子供らしい無邪気《むじゃき》な行動を見て顔がほころぶ。
ア 工夫を重ねた作品がすばらしい評価を受けた。
イ 週末は雨が降るらしいので、家で本を読もう。
ウ 春らしい心地よい風が吹《ふ》く。
エ 彼は遠くの町へ行ってしまうらしい。
（　　）

(2) 声の調子からやる気が感じられる。
ア 声をかけられてハッとする。
イ 無理なく覚えられるように工夫する。
ウ 校長先生が来られる。
エ 故郷の風景が思い出される。
（　　）

(3) 暇《ひま》だからテレビでも見よう。
ア 遊んでも遊び足りない。
イ ケーキを食べたい。でも、ダイエット中だから我慢《がまん》しよう。
ウ 紅茶でも飲もうか。
エ 何度頼《たの》んでも断られてしまう。
（　　）

---

(2) **可能の助動詞**
・好き嫌《きら》いなく食べられる。
(3) **自発の助動詞**…「自然と」が補える。
・母の身が案じられる。
→自然と母の身が案じられる。
(4) **尊敬の助動詞**
・先生は先ほど出られました。

❹「らしい」の識別
(1) **推定の助動詞**…「どうやら」を補うことができる。
・明日は雪らしい。
→どうやら明日は雪らしい。
(2) **形容詞の接尾《せつび》語**…「いかにも」をつけ加えることができる。
・夏らしい晴天の青空。
→いかにも夏らしい晴天の青空。
(3) **「らしい」を含《ふく》む形容詞**
・めずらしい植物。

❺「でも」の識別
(1) **逆接の接続詞**
・急いだ。でも、間に合わなかった。
(2) **接続助詞「でも」**…「でも」が、撥《はつ》音便化した動詞を受けて変化したもの。
・呼んでも返事はなかった。
(3) **副助詞**
・子どもでもわかる。

Step A　Step B　Step C

時間 30分　合格点 80点　得点 点

月 日

解答▼別冊17ページ

1 次の⑴・⑵について、――線部の説明文の[A]には同じ用法のものをあとから一つ選び記号で答え、[B]・[C]にはそれぞれ適切な言葉を答えなさい。（4点×5―20点）

⑴ さまざまな意見がぶつかり合う。

「さまざまな」の「な」は選択肢《せんたくし》の[A]と同じ用法で[B]詞の一部である。

ア 君にできそうな仕事だ。
イ おかしなことを言う人だ。
ウ 感情的な話し方になった。
エ その症状《しょうじょう》がまさに風邪《かぜ》なわけだよ。

A（　　）B（　　）

⑵ 原因を突《つ》き詰《つ》めていくと、ひとつの事実にぶつかった。

「いくと」の「と」は選択肢の[A]と同じ[B]助詞である。また、その他のものは[C]助詞である。

ア 母と買い物に出かけた。
イ 「君は間違《まちが》っている」と彼《かれ》が言った。
ウ ここを抜《ぬ》けるとゴールは近い。
エ 見ると聞くとは大違いだ。

A（　　）B（　　）C（　　）

〔城北埼玉高―改〕

2 次の詩の――線部と同じ意味・用法で用いられている言葉を含《ふく》む文をあとから一つ選び、記号で答えなさい。（6点）

出身三十年、髪《かみ》は白きも衣は猶《な》お碧《みどり》
日暮れて朱門に倚《よ》り、主に従いて袍《ほう》を赤く汚《よご》さん

ア なおいっそうの努力が必要だ。
イ 完成まではなお数日を要する。
ウ なお昼食は必ず持参すること。
エ 負けていてもなお意気込《ご》んだ。

（　　）

〔都立西高―改〕

3 次の文章を読んで、あとの問いに答えなさい。（8点×3―24点）

ここ数年のベストセラーリストを眺《なが》めていると、自己啓発《けいはつ》本がつねにア上位を占《し》めている傾向《けいこう》にイ気づく。多くの人がいまの自分に満足できず、なにかを変えたがっているようだ。スキルアップを図り、それを仕事にウ結び付けて出世したい。本もそのためにエ「役立つ」なら読む。そういう気持ちが、リストから透《す》けて見える。

出世を願う気持ちを否定することはできない。しかし、本一冊を読んで、①いきなり自己を変革しようというのはあまりに安易だ。

そして、なにか「ためになる」ことが②ないと、本に手を出さ

ない姿勢もいびつだ。それもこれも、「本を読む」ことのほんとうの楽しさを知らないから、いつまでたっても即効《そっこう》性を謳《うた》う本ばかりに手を出してしまうのである。本は栄養ドリンクではない。

（岡崎武志《おかざきたけし》「読書の腕前」）

(1) ══線部ア〜エの「に」のうち、ほかの品詞と異なるものを一つ選び、記号で答えなさい。（　　）

(2) ──線部①「いきなり」の品詞名を答えなさい。（　　）

(3) ──線部②「ない」と同じ品詞を含《ふく》む一文を抜《ぬ》き出し、その最初の五字を答えなさい。□□□□□

〔兵庫―改〕

重要

4 次の文を読んで、あとの問いに答えなさい。（8点×5―40点）

・私は新しい教科書で予習をしようと考えたが、睡魔《すいま》に激しく襲《おそ》われまったく勉強ができなかった。

(1) 文節の数を算用数字で答えなさい。（　　）

(2) ──線部「が」の助詞のはたらきを漢字二字で答えなさい。□□

(3) 副詞を一つ抜き出しなさい。（　　）

(4) 形容詞をすべて抜き出し、基本形（終止形）に直して答えなさい。（　　）（　　）

(5) 左の例にならって、助動詞をすべて四角で囲み、それぞれの文中での意味を答えなさい。

例 僕《ぼく》は学校へ行き[ます]。　丁寧

私は新しい教科書で予習をしようと考えたが、
睡魔に激しく襲われまったく勉強ができなかった。

〔玉川学園高〕

5 次の文の──線部のうち、助動詞をそれぞれ一つ選び、記号で答えなさい。（5点×2―10点）

(1)
ア ロケットがすごい速さで飛ぶ。
イ 話は聞いた、で、どうしたいの。
ウ 入試の答案を鉛筆《えんぴつ》で丁寧《ていねい》に書く。
エ あちらは弟で、こちらが兄だ。
オ 友達が病気で休んでいる。
（　　）

(2)
ア 友達に「今度食事に行かないか。」と言われた。
イ さりげないおしゃれは好感が持てる。
ウ 兄と違って、僕は歩くのが早くない。
エ 本がないので、苦労した。
オ 彼は人に寛容《かんよう》でないので、苦労した。
（　　）

〔大阪女学院高―改〕

Step A　Step B　Step C③

時間 30分　合格点 80点　得点　点

月　日

解答▼別冊17ページ

1

次の――線部における文法上のはたらきとして、最も適切なものをあとから選び、記号で答えなさい（同じ記号を何度使ってもかまいません）。（5点×5―25点）

(1) そうだ、君に本を借りたままだよ。（　　）

(2) 午後から雨になるそうだ。（　　）

(3) もちろんそうではない。（　　）

(4) 私もそうだと思います。（　　）

(5) 時間がかかりそうである。（　　）

ア 伝聞の助動詞　イ 推定・様態の助動詞　ウ 副詞＋助動詞

エ 形容動詞　オ 感動詞

〔大阪教育大附高（池田）―改〕

2

次の文章を読んで、あとの問いに答えなさい。（3点×3―9点）

この季節に東北の南部地方を訪《おとず》れて、荒《あ》れた畑のアー角や農家のイ庭先などに真っ黄色な花が咲《さ》きそろっているのウを見かけたら、まずそれは食用菊《ぎく》だと思って間違《まちが》いない。このころ郷里へ帰っていて、朝のエ散歩を試みると、この食用菊をⓐうずたかく積んだ荷車やリヤカーに出会うことがある。晴れた日［　　］、真っ黄色の動く小山に朝露《あさつゆ》がⓑきらめいて、ⓒまぶしいくらいだ。私はいつも、郷里の秋にこんなにⓓ強い色彩《しきさい》があったのかと驚《おどろ》いて、道《みち》端《ばた》に立ち止まってしまう。

(1) ===線部ア～エの「の」のうち、ほかと意味・用法の異なるものを一つ選び、記号で答えなさい。（　　）

(2) ［　　］には断定の助動詞「だ」の仮定形が入る。それを答えなさい。（　　）

(3) ――線部ⓐ～ⓓのうち、ほかと品詞の異なるものを一つ選び、記号で答えなさい。（　　）

〔千葉―改〕

3 重要

次の(1)～(4)の文の――線部のうち、ほかと文法的性質が異なるものを一つずつ選び、記号で答えなさい。（6点×4―24点）

(1)
ア 担任は小柄《こがら》な先生だ。
イ 彼女《かのじょ》は素直《すなお》な性格だ。
ウ 何ともおかしな昔話だ。
エ 今日もさわやかな朝だ。
（　　）

(2)
ア またとない機会だ。
イ またの対戦が楽しみだ。
ウ よく遊び、またよく学ぶ。
エ 再会はまたの日だ。
（　　）

(3)
ア 彼女より走るのが速い。
イ 人により好みが違う。
ウ 先生より連絡《れんらく》がある。
エ 言うよりまず実行だ。
（　　）〔青森―改〕

(4)
ア みんなで歌をうたって、楽しそうだ。
イ あの人はニューヨーク州で生まれたそうだ。
ウ 彼《かれ》は疲《つか》れたのか、今にも眠《ねむ》りそうだ。
エ 日頃《ひごろ》からの人々の不満が爆発《ばくはつ》しそうだ。
（　　）

〔神奈川―改〕

重要

4 次の文の――線部と文法的性質が同じ言葉として、最も適切なものをそれぞれあとから選び、記号で答えなさい。（6点×5―30点）

(1) 犯人の行方《ゆくえ》を捜《さが》させる。
ア 辞書で詳《くわ》しく調べさせる。
イ 波に身を任せることにした。
ウ 庭の手入れを行き届かせる。
エ 同僚《どうりょう》はなかなか話せる人だ。
オ 盗《ぬす》みを働いて親を泣かせる。
（　　）

(2) 向こうで手を振《ふ》っているのは高校生らしい。
ア とても愛らしい赤ちゃんですね。
イ 母の形見らしいペンを大切にしている。
ウ 負けてもスポーツマンらしい態度で臨《のぞ》む。
エ 実力らしい実力をまだ出していない。
オ わざとらしいうそはつかないほうがよい。
（　　）

(3) そんなことは世の中にはよくあることだ。
ア 彼はとうとう名誉《めいよ》ある賞を手にした。
イ 事件は真冬のある寒い夜に起こった。
ウ 頼《たの》んである料理にはお酒はついていない。
エ 二人はあることがきっかけで別れた。
オ 時には冷酷《れいこく》であることも要求される。
（　　）

(4) ちょっと散歩でもしようか。
ア 別の店でも買えるだろう。
イ 悔《く》やんでも悔やみきれない。
ウ 思ったほど深刻でもなかった。
エ 雨でも降りそうな空模様だ。
オ それは誰《だれ》のものでもない。
（　　）〔山手学院高―改〕

(5) 彼女は私よりも十歳《さい》ばかり年上になる。
ア 甘《あま》やかすばかりで困っている。
イ 公開されたばかりの映画を見に行く。
ウ 見かけばかりで頼りにならない。
エ 信じたばかりに裏切られた。
オ 輝《かがや》くばかりの美しさだ。
（　　）〔高知学芸高―改〕

難

5 次の(1)・(2)の文の――線部の助詞のうち、ほかの言葉と用法が異なるものを一つずつ選び、記号で答えなさい。（6点×2―12点）

(1)
ア 黙々《もくもく》と車を押《お》している。
イ 道を尋《たず》ねながら来てください。
ウ 横断歩道を渡《わた》りましょう。
エ 彼を議長に推薦《すいせん》する。
オ 朝ご飯をしっかり食べなさい。
（　　）

(2)
ア 雑木林を過ぎて竹やぶのある所へ来た。
イ 左へ少し曲がっていくと学校がある。
ウ 今年は東北へ旅行に行きましょう。
エ 北へ十歩、西へ五歩、それが宝の隠《かく》し場所だ。
オ 向こうへ歩いていくのが兄だ。
（　　）〔慶應義塾高―改〕

14 敬語の種類

月　日

解答▼別冊18ページ

重要 **1** 〔敬語の種類〕 **次の敬語についての説明文のA～Hに入る言葉として、最も適切なものをそれぞれあとから選び、記号で答えなさい。**

自分や家族の者が「もらう」ということを、へりくだった言い方では「A」といい、同じく「言う」ということは「B」、また、「うかがう」という敬語は、「尋《たず》ねる」とか「聞く」のほかに「C」という言葉のことで、これらは、敬語のうちのDである。

また、相手を敬っていう場合は、「する」のことを「E」、「言う」のことを「F」、「お父さん」のことを「G」という。これらは、敬語のうちのHという。

ア 小生　イ 父上　ウ 殿方《とのがた》　エ いらっしゃる　オ なさる

カ いただく　キ おっしゃる　ク 申す　ケ 行く　コ 食べる

サ 尊敬語　シ 謙譲《けんじょう》語

A（　）B（　）C（　）D（　）

E（　）F（　）G（　）H（　）

重要 **2** 〔敬語の識別〕 **次の文の——線部は、ア 尊敬語・イ 謙譲語・ウ 丁寧《ていねい》語のどれにあたるか。それぞれ記号で答えなさい。**

(1) 申し訳ございません。（　）

(2) お菓子《かし》を召《め》し上がりますか。（　）

(3) 先生の著書を拝借したいのですが。（　）

(4) 拙宅《せったく》へお越《こ》しください。（　）

(5) 令嬢《れいじょう》の高校合格、おめでとうございます。（　）

(6) 小生、郷里でのんびりと暮らしております。（　）

解法のポイント

❶ **敬語**

相手や第三者に対する敬意を表現する言葉で、大きく分けると尊敬語・謙譲語・丁寧語の三種類がある。

❷ **敬語の種類**

(1) **尊敬語**…話し手が相手の動作・状態などを敬うことにより、敬意を示す言葉。

① **名詞**…先生、殿下《でんか》、どなた　など。

② **動詞**…いらっしゃる（来る・行く・いる）、おっしゃる（言う）、なさる（する）、くださる（くれる）　など。

③ **助動詞**「れる」「られる」

・先生が書かれる。

・社長が来られる。

④「お（ご）～になる」

・お読みになる。

・ご出発になる。

⑤ **接頭（尾《び》）語**…ご両親、お母様、鈴木《すずき》様、お名前、父上、令息　など。

(7) 愚息《ぐそく》は中学三年生になりました。（　　　）
(8) たいへんうれしく存じます。（　　　）
(9) 私は朝六時に起きます。（　　　）
(10) 貴兄のご健康をお祈《いの》りします。（　　　）
(11) 弊店《へいてん》には関わりはありません。（　　　）
(12) 折り入ってお話があります。（　　　）
(13) 先生を会場にご案内する。（　　　）
(14) 今そちらに向かっております。（　　　）
(15) ご両親はこちらでお待ちください。（　　　）

3 〔謙譲語の識別〕 次の文の――線部の敬語表現から謙譲語を五つ選び、記号で答えなさい。

ア 明日十時からガスの点検をいたします。
イ 先生が花束をくださった。
ウ お顔色がすぐれませんね。
エ 荷物をお持ちします。
オ それは父が申したことです。
カ 令息は現在どうしておられますか。
キ 芳名《ほうめい》をお書きください。
ク 私が参ります。
ケ すでにご覧になりましたか。
コ まだあなたからのお手紙を拝読しておりません。

（　・　・　・　・　）

(2) **謙譲語**…話し手が自分自身や自分の身内の動作・状態をへりくだることにより、間接的に相手に敬意を示す言葉。
①**名詞**…せがれ、手前　など。
②**動詞**…申す・申し上げる（言う）、参る（行く・来る）、いたす（する）、いただく（食べる・もらう）、うかがう（尋ねる・聞く・行く）など。
③**「お（ご）～する」**
・先生にお会いする。
・お客様をご案内する。
④**接頭（尾）語**…小生、愚息、拙宅、弊社、わたくしども、わたくしめ　など。
(3) **丁寧語**…言い表し方を丁寧にすることにより、話し手が相手に敬意を示す言葉。
①**動詞「ございます」**
・その通りでございます。
②**助動詞「です」「ます」**
・午後二時に行きます。
・これがその写真です。
③**接頭語**…お正月、ご飯　など。

解答▼別冊18ページ

時間	合格点	得点
30分	80点	点

月　日

1 次の文から尊敬の言葉を五つ、単語で抜《ぬ》き出しなさい。（1点×5—5点）

・あなたさまのようにご身分の高いお方が、どうしてこんなところにいらっしゃるのですか。

・せっかくのご招待ですから、参上いたしましょう。

（　　）（　　）（　　）
（　　）（　　）

2 次の文の——線部①～⑨をそれぞれ尊敬語に改めなさい。（2点×9—18点）

・先生の①子は何人②いますか。

・③客、どうぞ遠慮《えんりょ》せずに④食べてください。

・社長、もっと上座へ⑤来てください。

・先生の⑥父は昔何を⑦していたのですか。

・あなたの⑧名を⑨書いてください。

①（　　）②（　　）
③（　　）④（　　）
⑤（　　）⑥（　　）
⑦（　　）⑧（　　）
⑨（　　）

3 次の文の——線部①～⑦をそれぞれ謙譲語《けんじょうご》に改めなさい。（3点×7—21点）

・①お母さんが、今日の午後二時ごろ、先生のところへ②行くと③言っていました。

・言われた通りに④します。

・お見舞《みま》いのリンゴをおいしく⑤食べています。

・校長先生に⑥やったクッキーの味を⑦尋《たず》ねた。

①（　　）②（　　）
③（　　）④（　　）
⑤（　　）⑥（　　）
⑦（　　）

4 次の文章の——線部①～⑩をそれぞれ丁寧語《ていねいご》に改めなさい。（2点×10—20点）

・目をあけていれば、ぼんやりしていても、いろいろなものが目にはいって①くる。これが「見える」ということ②である。もっとよく見ようとするには、目を凝《こ》らして「見る」ようにしなくては③ならない。文章を読むには、この「見る」でもまだじゅうぶんでは④ない。いったい、読書の本質とは、どういうもので⑤あろうか。

・人間はみな⑥薄情《はくじょう》だ。わたくしが金持ちになったときは、お世辞もいい、おついしょうもする⑦けれど、いったん貧乏《びんぼう》になると、優《やさ》しい顔さえもしてくれない⑧。そんなことを考える⑨と、たとえもういちど金持ちになったところで、なんにもならないような気がするのだ⑩。

①(　　) ②(　　)
③(　　) ④(　　)
⑤(　　) ⑥(　　)
⑦(　　) ⑧(　　)
⑨(　　) ⑩(　　)

5 次の文章から謙譲語を六つ、単語で抜き出しなさい。(1点×6—6点)

・僕《ぼく》がこのたび、中学校を卒業したことをお知らせする、お手紙を差し上げるしだいです。
・俳句一句の中に季語を二つ入れることは、「季重なり」といって、これは避《さ》けることになっています。ここによい例がありましたので、申し上げるしだいです。
・今月分の会費を集めに参りますので、よろしくお願いします。
・お隣《となり》からいただいたおはぎです。どうぞ召《め》し上がれ。
・先生のお引っ越《こ》しのときには、お手伝いいたします。

(　　) (　　)
(　　) (　　)
(　　) (　　)

重要

6 次の文の——線部を、例にならって(　)内の敬語に改めなさい。(3点×10—30点)

例 この本を借りる。(謙譲語に)→拝借する

(1) 勤労感謝《かんしゃ》の日に、おじさんが来ることになっている。(尊敬語に)　(　　)
(2) お姉さんは、この春、社会人になった。(謙譲語に)　(　　)
(3) あれが、僕の通っている中学校だ。(丁寧語に)　(　　)
(4) これは父の知人からもらった書籍です。(謙譲語に)　(　　)
(5) 先生の言った注意を守りなさい。(尊敬語に)　(　　)
(6) 先生、これは何?(丁寧語に)　(　　)
(7) 君の母は、今日の午後三時頃《ごろ》にはご在宅ですか。(尊敬語に)　(　　)
(8) 北海道からのお土産《みやげ》を、いつもどうもありがとう。(丁寧語に)　(　　)
(9) お世話になった先生に感謝の品をあげる。(謙譲語に)　(　　)
(10) これから先、どうするおつもりですか。(尊敬語に)　(　　)

15 敬語の使い方

月　日

解答▼別冊19ページ

1 〔正しい敬語表現〕次の文章は美術館を見学した生徒が発表した内容である。――線部ア～オのうち、敬語の使い方が適切でないものを二つ選び、それぞれ正しい表現に改めなさい。

美術館の見学で、特に心に残ったことが二つあります。一つは館長さんがアおっしゃった言葉です。館長さんは「鑑賞《かんしょう》するときは、何より作品そのものをじっくりと見て、自分なりに何かを感じ取ることが大切です。」とイ申しました。もう一つは貴重な資料をウ拝見できたことです。館長さんは、有名な画家の手紙を見せてエくださいました。私は、それをオご覧になり、天才と呼ばれた画家にも、創作の苦労があったことを初めて知りました。

（　・　）
（　・　）

〔福島－改〕

重要 **2** 〔正しい敬語表現〕次から敬語の使い方が適切でないものを二つ選び、適切でない部分を正しい表現に改めなさい。

ア 先生、お元気でいらっしゃいますか。
イ 先生、一緒《いっしょ》に給食をいただいてください。
ウ 先生、一階の掲示《けいじ》板をご覧になりましたか。
エ 先生、私たちもすぐにそちらに参ります。
オ 先生、いつこちらにうかがうのですか。

（　・　）
（　・　）

〔沖縄－改〕

解法のポイント

❶ **尊敬語の用い方**
話し相手や目上の人に用いる。話し相手や敬意を示すべき対象の動作・状態を表す言葉に尊敬語を使う。
・先生がおっしゃった。
先生の動作「言う」をその尊敬語「おっしゃる」と表現することで、先生に対して敬意を示す。
・こちらをご覧になってください。
話し相手の動作「見る」をその尊敬語「ご覧になる」と表現することで、相手に敬意を示す。

❷ **謙譲《けんじょう》語の用い方**
自分や身内の者の動作を表すのに用いる。自分や身内の者の動作・状態を表す言葉に謙譲語を使うことで、相手への敬意を示す。
・私がうかがいます。
自分の動作「行く」をその謙譲語「うかがう」と表現することで、相手に敬意を示す。

3 〔正しい敬語表現〕 次の会話は客に対する中学生の対応であるが、——線部①〜⑦は敬語の使い方が適切ではない。それぞれ正しい表現に改めなさい。

客　「ごめんください。」
中学生「はい。」
客　「わたくしは、お父さんの知人の田中という者ですが、お父さんは、ご在宅ですか。」
中学生「いえ、①お父さんは急用で外出中なんです。」
客　「そうですか。いつ頃《ごろ》お帰りになるかわかりませんか。」
中学生「もう、間もなく②お帰りになると思いますが。しばらく③待って④くれませんか。」
客　「では、お母様はいらっしゃいませんか。」
中学生「はい、⑤お母様でしたら、台所のほうに⑥おられましたが、⑦呼んできましょうか。」

①（　　）②（　　）
③（　　）④（　　）
⑤（　　）⑥（　　）
⑦（　　）

4 〔正しい謙譲語の使い方〕 次の文のうち、「目上の人に対する謙遜《けんそん》の気持ち」の表現を含《ふく》むものとして最も適切なものを選び、記号で答えなさい。

ア この劇をご覧になってどのような感想をお持ちになりましたか。
イ 「どうぞ召《め》し上がってください」とケーキをすすめられた。
ウ 部長が先日の報告書を探していらっしゃいました。
エ 転校後、お世話になった先生に手紙を差し上げた。

（　　）〔都立青山高—改〕

・母が拙宅《せったく》にお越《こ》しくださいと申しておりました。

身内である「母」の動作「言う」をその謙譲語「申す」と、名詞「家」をその謙譲表現「拙宅」と表現することで、相手に敬意を示す。

自分の身内のことを目上の人に話すときは、原則として尊敬語は使わない。つまりこの場合、「母」を「お母さん」とすることはない。

❸ 丁寧語《ていねい》の用い方
話し相手に対して敬意や丁寧な気持ちを表す場合に用いる。
・ここが私の家です。
・あなたにこれをあげます。

❹ 第三者のことが話題に出た場合
(1)相手に関係のある人のこと→尊敬語を用いる。
・お子様は何歳《なんさい》になられました？
(2)自分に関係のある人のこと→謙譲語を用いる。

❺ 相手の持ち物については、接頭語「お」「ご」をつけた尊敬語を用いる
例 おかばん、お帽子、ご本

Step A
Step B
Step C

解答▼別冊19ページ

時間 30分
合格点 80点
得点 点

月 日

1

次の文の――線部「いただく」について解説したあとの文章の[A]～[C]に入る動詞を、それぞれ終止形で答えなさい。ただし[A]・[B]は三字で、[C]は五字で、すべてひらがなで答えること。（4点×3―12点）

・お殿《との》様から褒美《ほうび》の品をいただく。

右の「いただく」は[A]の謙譲《けんじょう》語である。また「いただく」には[B]の謙譲語として用いられる場合がある。[B]を尊敬語に改めると[C]になる。

A（　　　）　B（　　　）　C（　　　　　）〔京都―改〕

重要 2

次の文の――線部と同じ種類の敬語を含《ふく》む文として最も適切なものをそれぞれあとから選び、記号で答えなさい。（4点×3―12点）

(1) 先生からうかがった面白《おもしろ》い話を母に話す。

ア 食事を召《め》し上がる。　イ 大役を承る。
ウ 仕事をなさる。　エ 手紙をお読みになる。

（　）〔京都―改〕

(2) 先方からの手紙を拝読した。

ア どちらへいらっしゃいますか。　イ ここでご覧ください。
ウ こちらからうかがいます。　エ 何になさいますか。

（　）〔宮崎―改〕

(3) 話には聞いていた方に今日初めてお目にかかった。

ア お客様がお帰りになる。　イ そのことは存じ上げています。
ウ 夜は雨が降るでしょう。　エ 何もおっしゃらない。

（　）〔愛知―改〕

3

「先生がそのように言われた」の「言われた」を二語で言い換《か》えて答えなさい。（4点）

（　　　）〔岡山県立岡山朝日高―改〕

4

次の文の□に入る敬語表現を二通り答えなさい。（完答4点）

私は先日、先生に「いつ家庭訪問に□のですか」というべきところを、「いつ家庭訪問に来るの」といって注意されました。

（　　　）（　　　）〔長崎―改〕

重要 5

英雄《ひでお》君たちの同窓会で、当日欠席したA先生やB君についての話題が出た。次の(1)～(4)において、英雄君の答え方として最も適切なものをそれぞれあとから選び、記号で答えなさい。（4点×4―16点）

(1) 出席されたC先生に、B君のことを尋《たず》ねられた場合　（　）

(2) 出席されたC先生に、A先生に会ったかと尋ねられた場合 （　　）

(3) 出席した同窓生に、B君のことを尋ねられた場合 （　　）

(4) 出席した同窓生に、A先生のことを尋ねられた場合 （　　）

ア 卒業してから一度もお会いしておりません。
イ 卒業後一度も会っていないね。
ウ 卒業後一度もお会いになっておりません。
エ 卒業後一度も会っておりません。
オ 卒業後一度もお会いしていないね。

6 次の文において、敬語の使い方が適切でない部分を正しい敬語表現に改めなさい。(4点×8—32点)

(1) 社長が昨日私たちにそう申された。 （　　）

(2) 私の弟がよろしくとおっしゃいました。 （　　）

(3) 先日差し上げたお手紙は拝見なさいましたか。 （　　）

(4) お呼び出しいたします。中村さん、いましたら受付までおいでください。 （　　）

(5) お食事を用意いたしました。どうぞご遠慮《えんりょ》なさらずにいただいてください。 （　　）

(6) 先生が指示をいたす。 （　　）

(7) 校長先生がこちらへ参る必要はありません。 （　　）

(8) 私の芳名《ほうめい》は大木幸子と申します。 （　　）

重要 7 次の文章は、一郎《いちろう》君が祖父にあてた手紙である。——線部①〜⑤は敬語の使い方が適切でないため、正しい敬語表現に改めなさい。(4点×5—20点)

朝夕はめっきり冷え込《こ》むようになりましたね。おじいちゃん、その後、①元気にしていますか。僕《ぼく》は二学期を迎《むか》えて、九月末の体育祭、十月の中間試験、十一月の文化祭、十二月はマラソン、駅伝大会と、多くの行事に精いっぱい取り組んでいます。

さて、この間は、田舎でとれた柿《かき》やくりをたくさん送っていただきありがとうございました。家族みんなでおいしく②召し上がっています。③お母さんがよろしくと④おっしゃっています。

十一月三日は、学校の文化祭で、僕は演劇で、主人公のハムレットをやります。どうか見に⑤来てください。

最後になりましたが、おばあちゃんによろしくお伝えください。

では、お体に気をつけてください。

さようなら

① （　　） ② （　　）
③ （　　） ④ （　　）
⑤ （　　）

1 次の文章を読んで、あとの問いに答えなさい。

敬語は大ざっぱに言って、聞き手または話題の人物を敬う尊敬語、へりくだることによって相手への[A]を表す謙譲《けんじょう》語、「[B]・[C]」の形をとる丁寧《ていねい》語の三種類に分けられる。

たとえば、「言う」という動詞の場合、尊敬語は「[D]」、謙譲語は「[E]」、丁寧語は「[F]」となる。このように丁寧語も敬語の範疇《はんちゅう》に入るが、一般《いっぱん》に敬語と聞いて思い浮《う》かべるのは尊敬語と謙譲語であり、「敬語の使い方を知らない人が増えた」「適切に使えないとコミュニケーションに支障をきたす」、もしくは「日本語の国際化のためには不必要な語法だ」などという議論が戦わされるのもこの二つをめぐってである。

日本語教育を学んでいる学生に対して出した「外国人学習者に教えるべき敬語」という課題も、尊敬語と謙譲語を念頭に置いてのものであった。場面設定は自由で、教授と学生の会話、上司と部下の会話、初対面の人同士の会話、就職《しゅうしょく》試験の問い合わせの電話での会話など、さまざまな場面でのやりとりが期待された。日本人の学生たちが敬語を縦横に使いこなすことができるかどうかはともかく、知識は有しているであろうと想像していた。「失礼ですが、お名前は何とおっしゃいますか」「田中と申します」というような会話なら苦もなく作れるに違《ちが》いない、と。

「ワタシ、あなたの家、行く、いいですか」のような言い方しかできなかった外国人学習者が、初級のレベルを終えるころには「お宅に[G]」と言えるようになる。

（野口恵子《のぐちけいこ》「かなり気がかりな日本語」）

解答▼別冊20ページ

(1) [A]～[C]に入る適切な言葉をそれぞれ答えなさい。ただしAは漢字二字、B・Cはひらがな二字で答えること。（3点×3—9点）

A [　　] B [　　] C [　　]

(2) [D]～[F]に入る適切な言葉をそれぞれ答えなさい。ただしD・Eは一語、Fは二語で答えること。（3点×3—9点）

D（　　）E（　　）
F（　　）

記述 (3) [G]に入る表現を——線部を参考にして答えなさい。（6点）

（　　）

重要 **2** 次の文の——線部を、正しい敬語表現一語に言い換《か》えて答えなさい。（5点×5—25点）

(1) 先生に古典を教えてもらいました。（　　）

(2) あなたの言うとおりです。（　　）

(3) 明日はご自宅にいますか。（　　）

(4) 冷めないうちに食べてください。（　　　　）

(5) お返事をくれてどうもありがとう。（　　　　）

〔共立女子高〕

3 次の文の――線部を正しい敬語表現に改め、それぞれ五字以上十字以内で答えなさい。（4点×2―8点）

(1) 〔車内放送で〕落とし物、お忘れ物、いたしませんようにご注意下さい。

(2) 〔校内放送で〕山田先生、おりましたら保健室までご連絡《れんらく》下さい。

(1)（　　　　　　　　　　）

(2)（　　　　　　　　　　）

〔城北埼玉高―改〕

4 次の文の――線部「見た」を文脈に合うよう、四字以内の敬語表現に改めなさい。（3点）

昔、早稲田《わせだ》の学院の頃《ころ》、学友会の雑誌に、故山口剛《やまぐちたけし》先生が呼び売りについて書かれたのを見たことがある。

（　　　　）

重要

5 次の文章の A ～ J に入る適切な言葉を答えなさい。（4点×10―40点）

敬語の使い方の誤りとして、最も多く耳にするのは、尊敬語と謙譲語の取り違《ちが》いである。たとえば、話し合いの席上などで、目上の人の言葉を引用して発言する場合に、

「ただ今、清水先生が申されましたように……。」

などと言う人がかなり多い。これはいうまでもなく、 A の言い方を使って、

「ただ今、清水先生が B ましたように……。」あるいは、

「ただ今、清水先生が言われましたように……。」と言わねばならぬところに、「申す」という C の言葉を使った点が誤りなのである。

ただし、目上の人に向かって、自分の身内の者のことを話す場合には、たとえば、

「私のお父さんも、そのように言われました。」と言うのではなく、

「私の D もそう E ました。」

のように、その身内が自分より目上の者であっても、 F でなく、 G の言い方をすべきである。

また、目上の人の飼っている動物などについては、「先生のお宅では、お犬をお飼いになっていらっしゃるか。」などとは言わないで、「先生のお宅では H を飼っていらっしゃい I か。」というような J 語でよい。

A（　　　　）　B（　　　　）

C（　　　　）　D（　　　　）

E（　　　　）　F（　　　　）

G（　　　　）　H（　　　　）

I（　　　　）　J（　　　　）

16 文節の関係・動詞

Step A　Step B　Step C

月　日

解答▼別冊21ページ

1 〔主語〕次の文から主語をそれぞれ抜《ぬ》き出しなさい。

(1) 容顔まことに美麗《びれい》なりければ、いづくに刀を立つべしともおぼえず。（　　）（　　）

(2) それよりしてこそ熊谷《くまがへ》が発心《ほっしん》の思ひはすすみけれ。（　　）

(3) からすのねどころへ行くとて、みつよつ、ふたつみつなどとびいそぐさへあはれなり。（　　）

(4) 昼になりて、ぬるくゆるびもていけば、火をけの火も白き灰《はい》がちになりて、わろし。（　　）

(5) むかし、水無瀬《みなせ》に通ひたまひし惟喬《これたか》の親王《みこ》、例の狩《かり》しにおはします供に、……。（　　）

(6) 予もいづれの年よりか、片雲の風に誘《さそ》はれて……。（　　）（　　）

(7) 衣川《ころもがは》は、和泉《いづみ》が城《じゃう》を巡《めぐ》りて、高館《たかだち》のもとにて大河に落ち入る。（　　）

2 〔修飾・被修飾の関係〕次の文の‖線部が修飾《しゅうしょく》する言葉として最も適切なものを——線部ア～オから選び、記号で答えなさい。

(1) 松島の月まづ ア心に イかかりて、ウ住めるかたは エ人に オ譲《ゆづ》り……。（　　）

(2) 武芸の家に生まれずは、何とて アかかる イうきめを ウみるべき。エなさけなうも オ討《う》ちたてまつるものかな。（　　）

(3) 坊《ばう》のかたはらに、ア大きなる イ榎《え》の木の ウありければ、エ人、オ榎の木の僧正《そうじやう》とぞいひける。（　　）

解法のポイント

❶ 文節関係

(1) **主語・述語**…口語と同じだが、主語や述語の**省略が多い**。また主語につく助詞もしばしば省略される。

〈主語の省略例〉

・雀《すずめ》の子の、（人が）ねず鳴きするに……。

〈述語の省略例〉

・春はあけぼの（いとをかし）。

〈助詞の省略例〉

・昔、男（が）ありけり。

(2) **修飾語・被修飾語**…口語と同じ。**連体修飾語・連用修飾語**がある。

・月日は百代《はくたい》の過客《くわかく》にして……。

・女御更衣《にょうごかうい》あまたさぶらひ……。

(3) **補助語**…口語で「ここが学校である」「先生が紹介《しょうかい》状を書いてくださる」のように、「て（で）＋補助動詞」の形に相当するもの。古文では「に＋補助動詞」の形になる。また、補助動詞として「給ふ」を用いる場

(4) 皆紅《みなくれなゐ》のア扇《あふぎ》のイ日いだしたるが、ウ夕日のエ輝《かがや》いたるにオ白波の上に漂《ただよ》ひ……。（　）

(5) 人をおきてて、ア高きイ木にのぼせてウ梢《こずゑ》をエ切らせしに、オいと危《あやふ》く見えしほどはいう事もなくて……。（　）

3 〔動詞の活用の種類〕 次の文の――線部の動詞の活用の種類を答えなさい。

(1) 人みな必ず老ゆ。（　）

(2) 飛び降るとも降りなん。いかにかくいふぞ。（　）

(3) 大井の土民に仰《おほ》せて、水車を作らせられけり。（　）

(4) 今こむと言ひしばかりに長月の有明けの月を……。（　）

(5) 都の人とて何ばかりかあらむ。皆知りてはべり。（　）

(6) 松島は扶桑《ふさう》第一の好風にして、およそ洞庭《どうてい》・西湖を恥《は》ぢず。（　）

(7) 御《おほん》かたちありさま、あやしきまでぞ覚え給《たま》へる。（　）

(8) かばかり川原の辺《わたり》は盗人《ぬすびと》多くて、人をそこなふなり。（　）

(9) この人を具して往《い》にけり。（　）

(10) その山を富士の山とは名づけける。（　）

4 〔動詞の活用形〕 次の文の――線部の動詞の活用形を答えなさい。

(1) おのれが恐《おそ》れはべれば、申さず。（　）

(2) 名にし負はばいざ言問はむ。（　）

(3) 平家の公達《きんだち》でおはするにこそと思ひ、押《お》し並べてむずと組む。（　）

(4) なぎさには源氏、くつわを並べてこれを見る。（　）

(5) これを射損ずるほどならば、弓切り折り自害して、人にふたたび面を向かうべからず。（　）

合は「動詞＋給ふ」となり、上の動詞を尊敬語化する。

・もとの水にあらず。（元々の水でない。）

・人ざまもよき人におはす。（人柄《ひとがら》も良い人でいらっしゃる。）

(4) **独立語**…口語文法とはたらきは同じ。

・あはれ、しつるせうとくかな。（ああ、たいへんなもうけものだなあ。）

❷ **動詞の活用**

(1) **規則動詞**…**四段活用**・**上一段活用**（着る、見る、似る、居《ゐ》る、射るなど）・**上二段活用**・**下一段活用**（蹴《け》る）・**下二段活用**。

(2) **不規則動詞**…**ナ行変格活用**（死ぬ、去《い》ぬ＝往《い》ぬ）・**ラ行変格活用**（あり、をり、はべり、いますがり）・**カ行変格活用**（来《く》）・**サ行変格活用**（す、おはす）。

(3) **四段・上二段・下二段活用の識別**…「**ず**」「**む**」に接続させ、未然形の活用語尾《ごび》の音を確認する。

・書かず→**ア**段の音→四段活用

・落ちず→**イ**段の音→上二段活用

・答へず→**エ**段の音→下二段活用

時間	30分
合格点	80点
得点	点

月　日

1 次の文の——線部が主語ならば対応する述語を、述語ならば対応する主語をそれぞれ抜《ぬ》き出しなさい。（2点×10—20点）

(1) かくて翁《おきな》やうやう豊かになりゆく。（　　）

(2) ひまひまより見ゆる火の光、蛍《ほたる》より、けにほのかに、あはれなり。（　　）

(3) 変わらぬ住家《すみか》は人あらたまりぬ。（　　）

(4) 人々は途中《とちゅう》に立ち並びて、後ろ影《かげ》の見ゆるまではと見送るなるべし。（　　）

(5) 三代の栄耀一睡《えいえういっすゐ》のうちにして、大門の跡《あと》は一里こなたにあり。（　　）

(6) 紅葉の、やうやう色づくほど、絵にかきたるやうに、おもしろきを、見わたして、……。（　　）

(7) 秋くるころの雨は、昨日にかはりて、何となう寂《さび》し。（　　）

(8) 仁和寺《にんなじ》にある法師、年よるまで、石清水《いはしみず》を拝まざりければ、心うくおぼえて、ある時、思ひ立ちて、ただひとりかちより詣《まう》でけり。（　　）

(9) 鐘《かね》の音のほのかに響《ひび》きくるも、心澄《す》みわたりぬるものぞかし。（　　）

(10) 風ひとしきり吹《ふ》きおちたるに、柳《やなぎ》・蓮《はす》葉なんどの葉うら白く見せたるも涼《すず》し。（　　）

2 次の文の═線部が修飾《しゅうしょく》する言葉として、最も適切なものを——線部ア～キから選び、記号で答えなさい。（2点×10—20点）

解答▼別冊21ページ

(1) 今は昔ア 竹取の翁イ といふウ ものエ ありけり。野山にオ まじりて竹を取りつつ……。（　　）

(2) 谷の底にア 大きなるイ 狸《たぬき》、ウ 胸よりエ とがり矢をオ 射通されてカ 死してキ ふせりけり。（　　）

(3) 終《つひ》にア 六月二十一日のイ あさがほのウ 花と共にエ この世をオ しぼみぬ。（　　）

(4) 論なく、ア もとのイ 国にこそウ 行くらめと、エ 公よりオ 使《つかひ》下りて追ふに……。（　　）

(5) 雪の、おもしろうア 降りたりしイ 朝《あした》、ウ 人のがりエ いふべきオ 事ありて、……。（　　）

(6) ものゝかくれより、ア しばしイ 見ゐたるに、ウ 妻戸をエ いますこし推《お》しオ あけて、月見るけしきなり。（　　）

(7) 松どももともして、夜半《よは》過ぐるまで、ア 人のイ 門ウ たたきはしりありきて、エ 何ごとにかオ あらむ、……。（　　）

(8) 見ぬア 古のイ やむごとなかりけむウ あとのみぞ、エ いとオ はかなき。（　　）

(9) もとのア 住家にイ 帰りてぞ、ウ 更にエ 悲しきオ ことは……。（　　）

(10) 五月五日、ア 賀茂《かも》のイ くらべ馬をウ 見侍《はべ》りしに、エ 車のオ 前に雑人《ざふにん》立ち隔てゝ……。（　　）

重要

3 次の文の――線部のはたらきとして最も適切なものをそれぞれあとから選び、記号で答えなさい。（2点×10―20点）

(1) 極楽寺、高良《かうら》など拝みて、たゞひとり、かちより詣でけり。（　　）

(2) 雨のをやみにかすかなる声して、枕《まくら》ちかく鳴きよるもあはれなり。（　　）

(3) 人と向かひたれば、詞《ことば》おほく、身もくたびれ、心もしづかならず。（　　）

(4) すゑなほして去《い》にければ、上人の感涙《かんるい》いたづらになりにけり。（　　）

(5) あなたふとの気色や。（　　）

(6) かぐや姫《ひめ》、いといたく泣き給《たま》ふ。（　　）

(7) まはりをきびしく囲ひたりしこそ、少しことさめて、この木なからましかばと覚えしか。（　　）

(8) 桜ははかなきものにて、かくほどなくうつろひさぶらふなり。されども、さのみぞさぶらふ。（　　）

(9) ただひとり、笛《ふゑ》吹《ふ》きて、行きもやらずねりゆけば、あはれ、これこそわれに衣えさせむとて出でたる人なめりと思ひて……。（　　）

(10) ひよひよとかしがましう鳴きて、人のしりさきに立ちてありくもをかし。（　　）

ア 主語　イ 述語　ウ 修飾語　エ 補助語
オ 接続語　カ 並立語　キ 独立語

4 次の文の――線部の動詞の活用の種類として、最も適切なものをそれぞれあとから選び、記号で答えなさい。（2点×8―16点）

(1) 上はつれなくて草生ひ茂《しげ》りたるを……。（　　）

(2) 折らんとするほどに……。（　　）

(3) 衣あまた着たりけるぬしの……。（　　）

(4) あやしくもののおそろしくおぼえければ、……。（　　）

(5) 心もうせて、われにもあらでつい居《ゐ》られぬ。（　　）

(6) 飼ひおける虫の、ことごとく死にたり。（　　）

(7) 強き風の吹きくれば、波高く、船も揺《ゆ》り上げ……。（　　）

(8) 大《おほ》なる川のはたを行くに、舟《ふね》に乗りたる人あり。（　　）

ア 四段活用　イ 上一段活用　ウ 上二段活用
エ 下一段活用　オ 下二段活用　カ カ行変格活用
キ サ行変格活用　ク ナ行変格活用　ケ ラ行変格活用

5 次の文の――線部の動詞の活用形として、最も適切なものをそれぞれあとから選び、記号で答えなさい。（3点×8―24点）

(1) 橋を八つ渡《わた》せるによりてなむ八橋《やつはし》といひける。（　　）

(2) 沖《おき》には平家、船ばたをたたいて感じたり。（　　）

(3) 五文字《いつもじ》を句の上《かみ》にすへて、旅の心をよめ。（　　）

(4) このをのこ罪しれうぜられば、……。（　　）

(5) 建礼門院《けんれいもんいん》の雑仕《ざふし》横笛《よこぶえ》といふ女あり。（　　）

(6) もとよりさこそあるべけれ。具して参れ。（　　）

(7) 危《あやふ》く見えしほどはいふこともなくて降《お》るる時に……。（　　）

(8) 昼になりて、ぬるくゆるびもていけば……。（　　）

ア 未然形　イ 連用形　ウ 終止形
エ 連体形　オ 已然形《いぜん》　カ 命令形

17 形容詞・形容動詞・音便形

月　　日

解答▼別冊22ページ

1 〔形容詞の識別〕 次の文の――線部から形容詞を五つ選び、記号で答えなさい。

・かぐや姫《ひめ》は、アあなイうれしとウ喜びてゐたり。

・ある山里にたづね入ることエ侍《はべ》りしに、オ遥《はる》かなる苔《こけ》の細道をふみわけて、カ心細くキすみなしたる庵《いほり》あり。

・高名の木のぼりとクいひしをのこ、人をケ掟《おき》てて、高き木にコのぼせて梢《こずゑ》をサ切らせしに、シいとス危《あやふ》く見えしほどはセいふこともなくて……。

・鞠《まり》も、ソ難《かた》き所をタ蹴出《けいだ》してのち、チやすく思へば、ツ必ず落つと侍るやらん。

（　・　・　・　・　）

2 〔形容動詞の識別〕 次の文の――線部から形容動詞を六つ選び、記号で答えなさい。

・宮柱ア太しく、彩椽《さいてん》イきらびやかに石の階《きざはし》九仭《きうじん》にウ重なり……。

・御宿直所《おほんとのゐどころ》もエ例よりはオのどやかなるカ心地キするに……。

・行成大納言《ゆきなりだいなごん》の額、兼行《かねゆき》がク書ける扉《とびら》、ケあざやかにコ見ゆるぞサあはれなる。

・シ立てる人どもは、装束《さうぞく》のスきよらなること物にも似ず……。

・これ（＝この男）がセゆえソありてあはれげにタ見えつるに……。

（　・　・　・　・　・　）

3 〔活用形〕 次の形容詞・形容動詞の活用表を完成させなさい。

形容詞

基本形	語幹	未然形	連用形	終止形	連体形	已然《いぜん》形	命令形
楽し	楽	しく （①）	（②） しかり	し	しき （③）	しけれ	（④）
あとに続く言葉		ず・む・ば	なる・き	言い切る	とき・べし	ば・ども	命令して言い切る

解法のポイント

❶ 形容詞の性質

(1) 終止形が「～し」で終わる。
・あな、うれし。　・いと狭《せま》し。

(2) 活用の種類と識別のしかた
① **ク活用**…狭し、高し、遠し　など。
② **シク活用**…うれし、楽し　など。
ク活用とシク活用を識別するには「なる」に接続させる。
・狭くなる→ク活用
・うれしくなる→シク活用

(3) 口語にはない命令形がある。
・よし→よかれ
・うれし→うれしかれ

❷ 形容動詞の性質

(1) 終止形が「**～なり**」または「**～たり**」で終わる。
・いとあはれなり。
・いみじく堂々たり。

(2) 活用の種類
・終止形の活用語尾《ごび》により、**ナリ活用**と**タリ活用**の二種類がある。

(3) 口語にはない命令形がある。

①（　　）②（　　）③（　　）④（　　）

形容動詞

基本形	語幹	未然形	連用形	終止形	連体形	已然形	命令形
のどかなり	のどか	（⑤）	なり（⑥）	なり	（⑦）	なれ	（⑧）
堂々たり	堂々	たら	たり（⑨）	たり	たる	（⑩）	たれ
あとに続く言葉		ず・む・ば	き・して	言い切る	とき・べし	ば・ども	命令して言い切る

⑤（　　）⑥（　　）⑦（　　）⑧（　　）⑨（　　）⑩（　　）

4

〔文中での活用形〕次の古文の――線部の活用形として、最も適切なものをそれぞれあとから選び、記号で答えなさい。

風ひとしきり吹《ふ》きおちたるに、柳《やなぎ》・蓮《はす》葉なんどの葉うら白く①見せたるも涼《すず》し②。やがておほきやかなる③雨の間遠《まどほ》に落ちたるが、後にはしきりに降りきて、物音も聞《きこ》えず、土のにほひたるもいと心《ここ》ちよし。

ア 未然形　イ 連用形　ウ 終止形　エ 連体形　オ 已然形　カ 命令形

①（　　）②（　　）③（　　）

5

〔音便〕次の文から音便形をそれぞれ抜《ぬ》き出しなさい。

(1) つくづくと一年をくらすほどだにも、こよなうのどけしや。あかず惜《を》しと思はば、千年を過《すぐ》すとも一夜の夢の心ちこそせめ。（　　）

(2) 筒《つつ》の中光りたり。それを見れば、三寸ばかりなる人、いとうつくしうてゐたり。（　　）

---

❸ 音便

口語では五段活用動詞・連用形や形容詞で音便化したが、文語用言の音便には次のような場合がある。

(1) **動詞の音便**…四段活用・ナ行変格活用・ラ行変格活用の連用形に「て」「たり」がつくと音便の形ができる。
- 書きて→書いて（イ音便）
- 言ひて→言うて（ウ音便）
- 読みて→読んで（撥《はつ》音便）
- 立ちて→立って（促《そく》音便）

(2) **形容詞の音便**
①連体形に体言や「かな」が接続。
- よき人→よい人（イ音便）

②連用形にほかの用言などが接続。
- よくなる→ようなる（ウ音便）

③連体形に「なり」「めり」が接続。
- よかるなり→よかんなり（撥音便）

※この場合「よかなり」と「ん」が省略されることが多い。

(3) **形容動詞の音便**
連体形に「なり」「めり」が接続。
- 静かなるなり→静かなんなり（撥音便）

月　日

時間 30分　合格点 80点　得点 点

解答▼別冊22ページ

重要

1

次の文の――線部の品詞と音便形の種類を、それぞれあとのA群・B群から一つずつ選び、記号で答えなさい。（完答4点×5―20点）

(1) さつと横に飛んで、手招きす。

(2) 母の膝《ひざ》に泣きくづれたるもあはれなんめり。

(3) おもしろうてやがてかなしき鵜飼《うかひ》かな。

(4) いくたびも文《ふみ》書いては捨つ。

(5) 幼き子の障子など伝ひ歩くもうれしかんなり。

〔A群〕
a 動詞　b 形容詞　c 形容動詞

〔B群〕
ア イ音便　イ ウ音便　ウ 撥《はつ》音便　エ 促《そく》音便

(1)（　・　）　(2)（　・　）

(3)（　・　）　(4)（　・　）

(5)（　・　）

2

次の古文の――線部の形容詞の活用形をそれぞれ答えなさい。（3点×10―30点）

・①にくきもの。いそぐことあるをりに長言《ながごと》するまら人《うど》。②あなづらはしきほどの人ならば、「後《のち》に」などといひても追ひやりつべけれども、さすがに心はずかしき人、いと③にくし。

・中関白殿《なかのかんぱくどの》おどし驚《おどろ》きて、④いみじう饗応《きやうおう》し申させ給《たま》うて、下《げ》臈《らふ》におはしませど、前に立て奉《まつ》りて、まづ射させ奉《たてまつ》らせ給ひけるに……。

・「いま二度《ふたたび》のべさせ給へ」と申して、のべさせ給ひけるを⑤安からずおぼしなりて……。

・⑥ひさしく参らざりければ、餌袋《あぶくろ》に干飯《ほしいひ》など入れて、まうでたり。聖《ひじり》、悦《よろこび》て、日比《ひごろ》のおぼつかなさなどのたまふ。その中に、ゐよりてのたまふやうは、「此《この》ほど、⑦いみじく⑧貴き事あり。」

・庭いと⑨暗ければなに事も見えじ。

・その年くれて、兄は⑩むなしきかずに入りつ。

①（　）　②（　）　③（　）

④（　）　⑤（　）　⑥（　）

⑦（　）　⑧（　）　⑨（　）

⑩（　）

3

次の古文の――線部の形容動詞の活用形を答えなさい。（2点×5―10点）

・やや夜寒《よざむ》の頃《ころ》、鳴きからしたる虫の音の、雨のをやみに①かすかなる声して、枕《まくら》ちかく鳴きよるも②あはれなり。

・この時御病《みやまひ》いと③にはかになりぬ。

・弥生《やよひ》も末の七日《なぬか》、あけぼのの空朧々《ろうろう》④として、月は有明《ありあけ》にて、光をさまれるものから、富士の峰《みね》⑤かすかに見えて、……。

①（　　　）　②（　　　）　③（　　　）
④（　　　）　⑤（　　　）

4 次の短歌の□に入る言葉を、それぞれ指定された形容詞を適切な形に活用させて答えなさい。（2点×10—20点）

(1) 大江《おほえ》山いく野の道の□ばまだふみも見ず天《あま》の橋立《はしだて》（遠し）（　　　）
(2) 有明の□見えし別れより暁《あかつき》ばかりうきものはなし（つれなし）（　　　）
(3) 世の中よ道こそ□思ひ入る山の奥《おく》にも鹿《しか》ぞなくなる（なし）（　　　）
(4) 久かたの光□春の日にしづ心なく花の散るらむ（のどけし）（　　　）
(5) 夕づく夜かげろふ窓は□て軒《のき》のあやめに風わたる見ゆ（涼《すず》し）（　　　）
(6) 月見れば千々にものこそ□わが身一つの秋にはあらねど（悲し）（　　　）
(7) □身にもあはれは知られけりしぎ立つ沢《さわ》の秋の夕暮れ（心なし）（　　　）
(8) 朝ぼらけ嵐《あらし》の山の□ば山の桜を着ぬ人ぞなき（寒し）（　　　）
(9) 山里は秋こそことに□鹿の鳴く音《ね》にめをさましつつ（わびし）（　　　）
(10) 春の野に霞《かすみ》たなびき□この夕かげにうぐひす鳴くも（うらがなし）（　　　）

5 次の古文から形容動詞を二つ抜《ぬ》き出しなさい。また、活用の種類（ナリ活用・タリ活用）と活用形を答えなさい。（2点×6—12点）

この児《ちご》、養ふほどに、すくすくと大きになりまさる。三月ばかりなるほどに、よきほどなる人になりぬれば、髪上《かみあ》げなど*さうして、髪上げさせ、裳《も》着す。帳《ちやう》のうちよりもいださず、*いつき養ふ。この児のかたち*けうらなること世になく、屋のうちは暗き所なく光満ちたり。（「竹取物語」）

*さうして＝吉日《きちじつ》を定めて。
*帳＝四隅《すみ》、四面にたれぎぬをたれ、天井《てんじょう》に明かり障子をつけた居所。
*いつき＝たいせつに。
*けうらなる＝気品が高く美しい。

〈形容動詞〉	〈活用の種類〉	〈活用形〉
（　　　）	（　　　）	（　　　）
（　　　）	（　　　）	（　　　）

6 次の文から動詞または形容詞の音便形を一つずつ、一単語で抜き出しなさい。（4点×2—8点）

(1) につくいやつかな。味方ぞといはば、いはせよかし。（　　　）
(2) 「……この矢はづさせたまふな。」と、心の内に祈念《きねん》して、目を見開いたれば、風も少し……。（　　　）

18 助動詞・助詞・係り結び

Step A　Step B　Step C

月　日

解答▼別冊23ページ

1 〔助動詞の意味〕 次の文の――線部の助動詞の意味をあとから選び、記号で答えなさい。

(1) 数を頼《たの》まず、一矢《ひとや》に定む<u>べし</u>。（　）
(2) からまつの林を出でて、からまつの林に入《い》り<u>ぬ</u>。（　）
(3) かんこ鳥鳴けるのみ<u>なる</u>。（　）
(4) ただ春の夜の夢の<u>ごとし</u>。（　）
(5) 相思《あひおも》はず君はあるらしぬばたまの夢にも見え<u>ず</u>うけひて寝《ぬ》れど（　）
(6) 実《まこと》の仏ならば、よも矢い立ち給《たま》は<u>じ</u>。（　）
(7) その後の有様《ありさま》、たづね聞か<u>まほし</u>。（　）
(8) こは、いかなる人なり<u>けん</u>。（　）
(9) 病に伏《ふ》す母のことのみ思ひ出で<u>ら</u>る。（　）
(10) 昔、男あり<u>けり</u>。（　）

ア 自発　イ 可能　ウ 尊敬　エ 使役
オ 断定　カ 詠嘆《えいたん》　キ 比況《ひきょう》（たとえ）　ク 推量
ケ 意志　コ 希望　サ 打ち消し　シ 打ち消し推量
ス 完了《かんりょう》　セ 過去

2 〔助詞の識別〕 次の文の――線部から助詞を九つ選び、記号で答えなさい。

・こ[ア]は[イ]いかなることと[ウ]ぞ。
・雨な[エ]ど[オ]降る[カ]も[キ]をかし。
・花[ク]の[ケ]色は移り[コ]に[サ]けり[シ]な。
・[ス]か[セ]く い ひ[ソ]て[タ]ながめ[チ]つつ[ツ]来る。

（　・　・　・　・　・　・　・　・　）

解法のポイント

❶ 助動詞とその主な意味
(1) 「る」「らる」…受け身／尊敬／自発／可能
(2) 「す」「さす」「しむ」…使役／尊敬
(3) 「なり」…断定
(4) 「たし」「まほし」…希望
(5) 「なり」…伝聞／推定
(6) 「ごとし」…比況（たとえ）／例示
(7) 「む（ん）」「むず」「べし」「らむ（らん）」「けむ（けん）」…推量
(8) 「らし」「めり」…推定
(9) 「まし」…反実仮想
(10) 「む（ん）」「むず」「べし」…意志
(11) 「き」「けり」…過去／詠嘆
(12) 「たり」「つ」「ぬ」「り」…完了／存続
(13) 「じ」「まじ」…打ち消し推量／打ち消し意志
(14) 「ず」…打ち消し（否定）

❷ 主な助詞の種類と意味
(1) 格助詞「の」「が」
①主格＝～が

3 〔助詞の意味の識別〕次の文の――線部の助詞と同じ意味・用法の助詞として、最も適切なものをそれぞれあとから選び、記号で答えなさい。

(1) 水の散りたるこそをかしけれ。
ア ゆく河の流れは絶えずして、しかももとの水にあらず。
イ 月のいと明きに、川を渡《わた》れば……。
ウ さつきまつ花たちばなの香《か》をかけば昔の人の袖《そで》の香ぞする
エ 竹取の翁《おきな》といふものありけり。
（　　）

(2) 軒《のき》近く梅が枝に、うぐいすの定まりて巳《み》のときばかりに集まりて……。
ア 縄《なは》を張られたりけるを西行《さいぎやう》が見て……。
イ 髪《かみ》乱れたる童盗人《わらはぬすびと》が物取らむとて入り立てるぞ……。
ウ 月の光に妻のおのれが影《かげ》のうつりたりけるを見て……。
エ 我《わ》が出《い》でたりつるを見て……。
（　　）

重要 **4** 〔係り結び〕次の文の□に入る、――線部に対応する言葉として最も適切なものをそれぞれあとから選び、記号で答えなさい。

(1) もと光る竹なむ一筋あり□。
ア けら　イ けり　ウ ける　エ けれ
（　　）

(2) ふと過ぎてはづれたるこそ、いとくちをし□。
ア けり　イ ける　ウ けら　エ けれ
（　　）

(3) 聖《ひぢり》のうしろにぞ、いねもせずしておきゐ□。
ア たる　イ たり　ウ たれ　エ たら
（　　）

(4) わが宿に小松のあるを見るが悲しさ、となむ人びと□。
ア 言ふ　イ 言へり　ウ 言へれ　エ 言ひ
（　　）

(5) 今はまた何をか申す□。
ア べし　イ べき　ウ べく　エ べけれ
（　　）

②連体修飾《しゅうしょく》格＝～の
(2)接続助詞「に」「を」
①逆接の確定条件＝～けれども、～のに
②順接の確定条件＝～ので、～から
(3)副助詞「だに」
①類推＝～さえ
②限定＝せめて～だけでも
(4)終助詞「な」「そ」
①禁止＝～するな、～しないでくれ
※「な」には詠嘆の意味もある。
(5)間投助詞「や」
①語調を整える
②呼びかけ＝～よ、～や
(6)係り結び…係助詞「ぞ」「なむ」「か（かは）」「や（やは）」「こそ」が使われると文末が変化する。
①「ぞ」「なむ」「か（かは）」「や（やは）」→連体形
・万《よろづ》の遊びぞしける。←万の遊びしけり。
②「こそ」→已然《いぜん》形
・男こそありけれ。←男ありけり。
※「かは」「やは」を用いるときは反語表現（～だろうか、いや、～でない）となる。

Step A
Step B
Step C

時間	合格点	得点
30分	80点	点

月　日

解答▼別冊23ページ

1 次の文の――線部の助動詞の意味をあとから選び、それぞれ記号で答えなさい。(4点×9―36点)

(1) 多くはみな虚言《そらごと》なり。（　）

(2) 鬼神《きじん》にとらるといふらんやうにて……。（　）

(3) くつをはきながら縁《えん》の上に上りぬれば……。（　）

(4) 家を継《つ》ぎたるつはものにもあらず、……。（　）

(5) いささかにも心もとなきことなかりき。（　）

(6) ただ、思ふこととては、出家ぞしたき。（　）

(7) 今年の秋もいぬめり。（　）

(8) ありがたきもの、舅《しうと》にほめらるる婿《むこ》。（　）

(9) 国に立ち遅《おく》れたる人びと待つとて、そこに日を暮らしつ……。（　）

ア 受け身　イ 自発　ウ 可能　エ 尊敬
オ 使役　カ 過去　キ 完了《かんりょう》　ク 打ち消し
ケ 推量　コ 意志　サ 断定　シ 希望
ス 比況《ひきょう》（たとえ）　セ 打ち消し推量
ソ 存続　タ 詠嘆《えいたん》

重要
2 次の文の――線部の助動詞と同じ意味の助動詞として、最も適切なものをそれぞれあとから選び、記号で答えなさい。(5点×4―20点)

(1) 静かなること山のごとし。（　）
ア 「徒然草《つれづれぐさ》」のごとき随筆《ずいひつ》は……。
イ 松の色は青く、磯《いそ》の波は雪のごとくに……。
ウ またもとのごとくに帰り給《たま》ふべきさま……。
エ すなはち、和歌・管弦《くわんげん》・往生要集ごときの抄物《せうもつ》を入れたり。

(2) つゆまどろまれず、明かしかねさせ給ふ。（　）
ア ある人に誘《さそ》はれ奉《たてまつ》りて……。
イ とらへられて後かたりける。
ウ 故郷に残せし妹《いも》の身案ぜられて……。
エ （鼎《かなへ》を）抜《ぬ》かんとするに、大方抜かれず……。

(3) かかるほどの物は、なくても事欠くまじ。（　）
ア 居《を》る人だに、たはやすく見るまじきものを……。
イ いかなることありても行くまじと心にきめて……。
ウ この辺《あたり》ならば、よもや捕《と》らえらるることあるまじ。
エ ここの物は、ほかへ持て行くまじ。

(4) 聞けば、この箱、数日《すじつ》にして作り出《いだ》しぬなり。（　）
ア 噂《うはさ》を聞きて集《つど》ひぬなり。
イ 大納言《だいなごん》の御《み》むすめ、亡くなり給ひぬなり。
ウ こは芭蕉《ばせを》の腰《こし》かけし石なり。
エ 行きかふ年もまた旅人なり。

重要

3 次の文の――線部の助詞「ば」と同じ意味・用法のものとして、最も適切なものをそれぞれあとから選び、記号で答えなさい。（4点×2―8点）

(1) 京には見えぬ鳥なれば、皆《みな》人知らず。（　　）

(2) 悪人のまねとて人を殺さばすなはち悪人なり。（　　）

ア 世に従へば、心、ほかの塵《ちり》に奪《うば》はれて惑《まど》ひやすく……。

イ 走り出れば、地割れ、裂《さ》く。

ウ 風吹《ふ》けば、え出《い》で立たず。

エ 命長ければ恥《はぢ》多し。

オ かかることあらば、馬乗るべからず。

4 次の古文の――線部ア～オの「の」のうち、ほかと意味・用法の異なるものを一つ選び、記号で答えなさい。（6点）

後徳大寺大臣《ごとくだいじのおとど》のア寝殿《しんでん》に、鳶《とび》ゐさせじとて縄《なは》をはられたりけるを、西行《さいぎやう》が見て、「鳶のイゐたらんは、何かは苦しかるべき。この殿《との》の御心《みこころ》、さばかりにこそ」とて、そののちは参らざりけると聞き侍《はべ》るに、綾小路宮《あやのこうぢのみや》のウおはします小坂殿《こさかどの》の棟《むね》に、いつぞや縄をひかれたりしかば、かの例《ためし》思ひ出《い》でられ侍りしに、誠や、「烏《からす》のエ群れゐて池の蛙《かへる》をとりければ、御覧《ごらん》じ悲しませ給ひてなん」と人のオ語りしこそ、さてはいみじくこそと覚えしか。徳大寺にもいかなる故《ゆゑ》か侍りけん。

（「徒然草《つれづれぐさ》」）

（　　）

5 次の古文の□には、それより前にある、言葉の意味を強めるはたらきをする助詞が入る。文末が――線部「にくけれ」で終わっていることから判断して、□に入る「係り」の助詞を答えなさい。（6点）

蚊《か》の細声にわびしげに名のりて*、顔のほどに飛びありく。羽風さへその身のほどに*ある□いとにくけれ。

*名のりて＝鳴き声をたてて。
*身のほどに＝体の大きさに応じて。

（　　）〔高知―改〕

重要

6 次の文の□に入る、――線部に対応する言葉として最も適切なものをそれぞれあとから選び、記号で答えなさい。（6点×4―24点）

(1) 祝ふけふこそたのし□。
ア ける　イ けら　ウ けり　エ けれ　（　　）

(2) 袖《そで》を顔に押《お》し当ててさめざめとぞ泣きゐ□。
ア たる　イ たれ　ウ たら　エ たり　（　　）

(3) いかなるゆゑか侍《はべ》り□。
ア けむ　イ けめ　ウ けり　エ けら　（　　）

(4) 次の七日よりぞうるはしうは食ひ□。
ア ける　イ けら　ウ けり　エ けれ　（　　）

19 まぎらわしい語の識別

Step A　Step B　Step C

月　日

解答▼別冊24ページ

1 〔動詞の活用の種類〕 次の文の――線部の動詞の活用の種類は、ア 四段活用・イ 上二段活用・ウ 下二段活用・エ その他の活用のどれか。それぞれ記号で答えなさい。

(1) あなうれしと、喜びてゐたり。（　　）
(2) 夕波千鳥汝《な》が鳴けば、いにしへ思ほゆ。（　　）
(3) 羽根といふところに来《き》ぬ。（　　）
(4) 人みな往《い》ぬ。（　　）
(5) さ湯にて用ふれば、薬効たしかなり。（　　）
(6) 流るる水のごとし。（　　）
(7) うちひかりて行くもをかし。（　　）
(8) 人はいさ心も知らず……。（　　）
(9) 昔の人の袖《そで》の香《か》ぞする。（　　）

重要

2 〔未然形と已然形〕 次の文の――線部の活用形は、ア 未然形・イ 已然《いぜん》形のどちらか。それぞれ記号で答えなさい。

(1) 波静かなれば舟出《ふねいだ》す。（　　）
(2) 風吹《ふ》けば花びら落つ。（　　）
(3) 文《ふみ》やらば、返事《かへりごと》あらむ。（　　）
(4) よねのたぐひをくはざりければ、人に見ゆべきにあらずとて……。（　　）
(5) こち吹かばにほひおこせよ梅の花あるじなしとて春な忘れそ（　　）

3 〔ク活用・シク活用〕 次の形容詞は、A ク活用・B シク活用のどちらか。それぞれ記号で答えなさい。

解法のポイント

❶ 動詞の活用の種類の識別

「ず」「む」をつけ、未然形を作る。

・降る→降らず→ア段→四段活用
・起く→起きず→イ段→上二段活用
・受く→受けず→エ段→下二段活用

❷ 未然形＋「ば」と已然形＋「ば」

(1) 未然形＋「ば」＝もし～ならば

・命あらば逢《あ》ふこともあらん。（もし命があれば、逢うこともあるだろう。）

(2) 已然形＋「ば」＝①～ので・から　②～（する）と

・春なれば、咲《さ》きたる梅の花。（春になったので、咲いた梅の花。）
・見ればいとうつくしうてゐたり。（見ると、たいへんかわいらしく座《すわ》っていた。）

❸ 形容詞の活用の種類の識別

動詞「なる」を接続させ、連用形にして識別。

・白し→白くなる→ク活用
・涼《すず》し→涼しくなる→シク活用

(1) うらさびし（　　）
(2) 安し（　　）
(3) 細し（　　）
(4) 騒《さわ》がし（　　）
(5) 薄《うす》し（　　）
(6) 清し（　　）
(7) さりげなし（　　）
(8) 嘆《なげ》かし（　　）
(9) 名残《なごり》惜《を》し（　　）
(10) のどけし（　　）

重要

4 〔係り結び〕次の文の——線部の助詞を受けると、文末はどのようになるか。指定された言葉を□に入るよう活用させて答えなさい。

(1) 人にくはすることなし。たゞひとりのみぞくひ□。（けり）（　　）

(2) 一年《ひととせ》の相《さう》は、この修中《しゆぢう》のありさまにこそ□。（見ゆ）（　　）

(3) いみじく、なつかしうこそ思ひ寄り□。（たり）（　　）

(4) よろづの花紅葉《もみぢ》にもなむまさりて、めでたきもの□。（なり）（　　）

5 〔品詞の識別〕次の文の——線部は、ア 副詞・イ 形容詞・ウ 形容動詞のどれか。それぞれ記号で答えなさい。

(1) 軽《かろ》らかに車にうち乗せ給《たま》へれば、……。（　　）

(2) 土器《かはらけ》よりただちに移すべし。（　　）

(3) とくとく進むべし。（　　）

(4) 残りたる雪にまじれる梅の花はやくな散りそ雪は消《け》ぬとも（　　）

(5) たやすくうち出《い》でむも、いかがと、ためらひけるを……。（　　）

---

❹ 副詞と形容詞の識別
活用の有無と意味で判断する。
・ことごとく焼く。→副詞
ことごとし×（意味が通じない）
・いみじく心もとなし。→形容詞
いみじ○（「とても」の意）

❺「なり」の識別
(1) 四段動詞「なる」の連用形…意味で判断。
・秋深くなりにけらしな。
(2) 断定の助動詞「なり」…「なり」を含《ふく》む文節の前に「ある」をつけても意味が通じる。
・昔の人なり。→昔のある人なり。
(3) 形容動詞の活用語尾《ごび》…「なり」を含む文節の前に「いと」をつけても意味が通じる。
・童《わらは》、悲しげなり。→童、いと悲しげなり。

❻ 係り結び
(1)「ぞ」「なむ」「か」「や」→連体形で結ぶ。
・男ぞある。
(2)「こそ」→已然形で結ぶ。
・男こそあれ。

月　日

時間	合格点	得点
30分	80点	点

解答▼別冊24ページ

重要

1 次の古文を読んで、あとの問いに答えなさい。（7点×7―49点）

これも今は昔、ゐなかの児《ちご》の比叡《ひえ》の山へ登りたりけるが①、桜のめでたく咲《さ》きたりけるに、風の②はげしく吹《ふ》きけるを見て、この児さめざめと泣きけるを見て、僧《そう》のⓐやはら寄りて、などかうは泣かせたまふぞ。この花のⓑ散るを惜《を》しう覚えさせたまふか③。桜ははかなきものにて、かく程なくうつろひさぶらふなり。されどもさのみぞ④さぶらふと⑤慰《なぐさ》めければ、桜のⓒ散らんは、あながちにいかがせん、⑥苦しからず。わが父《てて》の作りたる麦のⓓ花の散りて、実のいらざらん、思ふが⑦わびしきと言ひて、さくり上げてよよと泣きければ、うたてしやな。

（「宇治拾遺物語《うじしゅういものがたり》」）

＊あながちにいかがせん＝しいてどういうことがありましょう。
＊うたてしやな＝なんとまあ、がっかりさせられる話である。

(1) ――線部①「が」と同じ意味・用法の言葉として最も適切なものを次から選び、記号で答えなさい。（　　）

ア 清少納言《せいしょうなごん》が書ける……。　イ わが身一つの秋には……。
ウ 七騎《き》がうちまで討《う》たれ……。　エ 鞍《くら》置いて乗り給《たま》ひしが……。

(2) ――線部②「の」と異なる意味・用法の言葉を、══線部ⓐ～ⓓから一つ選びなさい。（　　）

(3) ――線部③「か」と同じ意味・用法の言葉として最も適切なものを次から選び、記号で答えなさい。（　　）

ア 何事ぞや。童《わらはべ》と腹立ち給へるか。
イ 白露《しらつゆ》を玉にも貫ける春の柳《やなぎ》か。
ウ いづれか歌を詠《よ》まざりける。
エ よよと泣くもむべなるかな。

(4) ――線部④「さぶらふ」の活用形を答えなさい。（　　）

(5) ――線部⑤「慰めければ」とあるが、誰《だれ》が慰めたのか。古文中から抜《ぬ》き出しなさい。（　　）

(6) ――線部⑥「苦しからず」の「ず」の意味を答えなさい。（　　）

(7) ――線部⑦「わびしき」と言ったのは誰か。古文中から抜き出しなさい。（　　）

2 次の古文を読んで、あとの問いに答えなさい。

近年の帰朝の僧の説とて、ある人の語りしは、唐《とう》に賤《いや》しき①夫婦あり。餅《もち》を売りて世を渡《わた》りけり。夫、道のほとりにして餅を売りけるに、人の袋を落《おと》したりけるを取りて見れば②、銀の軟挺《なんてい》＊六つありけり。家にもちて帰りぬ③。妻、心すなほに欲なき者にて、「我らは商《あきの》うてすぐれば事もかけず。この主、いかばかり嘆《なげ》き求むらむ。いとほしき事なり。主を尋《たづ》ねて返し給へ。」と言ひければ、「実に。」とて、あまねくふれけるに、主といふ者いできて、これを得て、あまりにうれしくて、「三つをば奉《たてまつ》らん。」と言ひて、既《すで》に分かつべかりける時、思ひかへして、煩《はん》を出さん為《ため》に、「七つこそありしに、六つあるこそ不審《ふしん》□。一つをばかくされたるにや。」と言ふ。「さる事なし、もとより六つなり。」と論ずる程に、はては国の守《かみ》のもとにしてこれをことわらしむ。国の守、眼《め》さかしくして、この主は不実のもの、この男は正直のものと見ながら、④なほ不審なりければかの妻を召して別の所にして事の子細を尋ぬるに、夫が申し状に少しもたがはず。

（「沙石集《しゃせきしゅう》」）

*軟挺＝良質の銀を棒のように打ちのばした通貨。

(1) ――線部①形容詞「賤しき」の活用の種類を答えなさい。（5点）

（　　）

(2) ――線部②「見れ」の活用形を答え、「見れば」の部分を現代語訳しなさい。（完答6点）

（　　・　　）

重要

(3) ――線部③「ぬ」の意味として、最も適切なものを次から選び、記号で答えなさい。（5点）

ア 受け身　イ 可能　ウ 尊敬　エ 打ち消し

オ 完了《かんりょう》　カ 推量　キ 意志　ク 断定

（　　）

(4) □に入る言葉として最も適切なものを次から選び、記号で答えなさい。（5点）

ア なら　イ なり　ウ なる　エ なれ

（　　）

(5) ――線部④「なほ」と同じ品詞の言葉を次から二つ選び、記号で答えなさい。（完答6点）

ア この僧都《そうづ》驚《おどろ》きて　イ 既に分かつべかりける

ウ 大きなる柑子《かうじ》の木の　エ めさむる心ちすれ

オ 少しもたがはず

（　　・　　）

難

3 次の古文を読んで、あとの問いに答えなさい。（8点×3―24点）

平の宣時朝臣《のぶときあそん》、老《おい》ののち昔語りに、「最明寺入道《さいみやうじのにふだう》、あるよひの間に、よばるる事ありしに、やがてと申し①ながら、*直垂《ひたたれ》のなくて、とかくせしほどに、②また使ひ来たりて、直垂などのさふらはぬ③にや。夜なれば、ことやうなりとも、疾《と》くとありしかば、なえたる直垂、うちうちのままにてまかりたりしに、銚子《てうし》に土器《かはらけ》とり添《そ》へてもて出《い》でて、この酒をひとり食《た》うべんがさうざうしければ申しつるなり。さかなこそなけれ。人はしづまりぬらん。」

（「徒然草《つれづれぐさ》」）

*直垂＝武士の通常服。

(1) ――線部①「ながら」と同じ意味・用法の言葉を次から一つ選び、記号で答えなさい。

ア 立ちながらこなたに入り給へ。

イ おはしながら疾くも渡《わた》りたまはぬ。

ウ 胸もふたがりながら御舟《みふね》に乗り給ひぬ。

エ 食ひながら文《ふみ》をも読みけり。

（　　）

(2) ――線部②「また」と同じ意味・用法の言葉を次から一つ選び、記号で答えなさい。

ア 和してまた清し。　イ 女郎花《をみなへし》また藤袴《ふぢばかま》朝顔の花。

ウ 明日また会ひたし。　エ 山また山を越《こ》へ行かん。

（　　）

(3) ――線部③「ぬ」と同じ意味・用法の言葉を次から一つ選び、記号で答えなさい。

ア 見れど飽《あ》かぬ麻里布《まりふ》の浦《うら》。イ はや船に乗れ。日も暮れぬ。

ウ 咲きぬべき梢《こずゑ》、……。　エ 浮《う》きぬ沈《しづ》みぬ。

（　　）

Step A Step B Step C ①

時間 35分
合格点 80点
得点 点

月 日

1 次の――線部「遠う」は「遠□」の音便形である。□に入る適切なひらがな一字を答えなさい。（5点）

笛は、横笛いみじうをかし。遠うより聞こゆるが、やうやう近うなりゆくもをかし。

（奈良－改）

2 次の古文を読んで、あとの問いに答えなさい。（6点×4―24点）

文義（文章の意味）の心得がたきところを、初めより一々に①解《げ》せんとしては、とどこほりて進まぬことあれば、聞こえぬところは、まづそのままにて過ぐすぞよき。ことに世に難《かた》きことにしたるふしぶしを、まづ知らんとするは、いといとわろし。ただよく聞こえたるところに、心をつけて、深く味はふべきなり。こは（これは）よく聞こえたることなりと思ひて、なほざりに見過ぐせば、すべてこまかなる意味も知られず。また、②多く心得たがひのありて、いつまでもその誤りをえ悟《さと》らざることあるなり。

（「うひ山ぶみ」）

(1) ――線部①と同じように、意志の表現になっている部分を本文中から三字で抜《ぬ》き出しなさい。

(2) ――線部②に含《ふく》まれる二字の動詞を三つ抜き出しなさい。

（兵庫－改）

3 次の古文の――線部①「すすめ」は、――線部②～⑤の動詞と活用の種類が同じである。これらを参考にして、「すすめ」の活用表を完成させなさい。（完答12点）

解答▼別冊25ページ

禅刹《ぜんさつ》に入りて午飯《ひるめし》を乞《こ》ふに、住僧《ぢゆうそう》は他に行きてあらざりしかども、こころよくもてなして、飯茶《はんさ》を①すすめたり。されば大雅《たいが》卒《つひ》に一偈《いちげ》を②とどめて去りぬ。住僧帰りてその偈を見て甚《はなは》だ賞し、これが和を作り、跡《あと》を追ひて京の方におもむきしに、道路の間会はず、つひに京まで来りてここかしこ③尋《たづ》ぬれども、かの偈に「池無名」と書けるままに問ひたれば、その名を知る人なし。④求めわびて空《むな》しく帰らんとせしに、「せめて東山の寺社拝みたまへ。」と人の⑤勧《すす》むるにつきて、まづ祇園《ぎをん》の……。

（「近世畸人伝《きんせいきじんでん》」）

語幹	未然形	連用形	終止形	連体形	已然形《いぜん》	命令形

（市川高（千葉）－改）

重要

4 次の古文の――線部①～③の述語に対する動作主を、①・②はそれぞれあとから一つずつ選び記号で答え、③は抜き出しなさい。（6点×3―18点）

・今は昔、貫之《つらゆき》が土佐守《とさのかみ》になりて、下りてありける程に、任《にん》果《はて》の年、七つ八つばかりの子の、えもいはずをかしげなるを、限《かぎり》なくかなしうしけるが、とかく①煩《わづら》ひて失《う》せにければ、泣き惑《まど》ひて、病づくばかり②思ひこがるる程に、月比《つきごろ》になりぬれば、かくてのみあるべき事かは、上りなんと思ふに、児《ちご》のここにて何とありしはやなど、思ひ出《い》でられて、いみじう悲しかりければ、……。

（「宇治拾遺物語《うじしゅういものがたり》」）

ア 作者　イ 貫之　ウ 子　エ 世間の人

〔東海大付属相模高—改〕

①（　　）②（　　）

・さて、浦島《うらしま》は鶴《つる》になりて、空に飛び上がりける。そもそも、この浦島が年を亀《かめ》がはからひ《お礼の気持ち》として、箱の中に③入れにけり。さてこそ《だからこそ》七百年の齢《よはひ》を保ちける。

（「御伽草子《おとぎぞうし》」）

③（　　）

〔佐賀—改〕

重要

5 次の古文を読んで、あとの問いに答えなさい。（6点×2—12点）

弓は強し、浦響《うらひび》くほど長鳴りして、あやまたず扇《あふぎ》の要《かなめ》ぎは一寸ばかり射て、ひいふつとぞ射切つたる。かぶらは海へ入《い》りければ、扇は空へぞ上がりける。しばしは虚空《こくう》にひらめきけるが、春風に一もみ二もみもまれて、海へさつとぞ散つたりける。

（「平家物語」）

(1) ——線部「ばかり」の意味として、最も適切なものを次から選び、記号で答えなさい。

ア ずつ　イ より　ウ ほど　エ まで　（　　）

記述

(2) ＝線部を、表現の特徴《とくちょう》を踏《ふ》まえて現代語訳しなさい。

（　　）

〔群馬—改〕

6 次の古文を読んで、あとの問いに答えなさい。

ぬまじりといふ所もすが〳〵過ぎて、いみじくわづらひ出《い》でて、とうたうみにかゝる。さやの中山など越《こ》えけむほども①おぼえず。いみじく苦しければ、天うちといふ河のつらに、仮屋作り設《まう》けたりければ、そこにて日ごろ②過ぐるほどにぞ、やう〳〵③おこたる。

冬深くなりたれば、河風けはしく吹《ふ》き上げつゝ、堪《た》へ難《がた》くおぼアえけり。そのわたりして浜名の橋に④着いたり。浜名の橋、下りし時は黒木をイわたしたりし、この度《たび》は跡《あと》だに見えねば、船にて渡《わた》る。入江《いりえ》にわたりし橋ウなり。外の海はいといみじくあしく浪《なみ》高くて、入江のいたづらなる州どもにこと物もなく、松原の茂《しげ》れる中より、浪は越ゆるやうに見えて、いみじくエおもしろし。

（「更級日記《さらしなにっき》」）

(1) ——線部①〜④の動詞の、古文中での活用形をそれぞれ答えなさい。（6点×4—24点）

①（　　形）②（　　形）

③（　　形）④（　　形）

重要

(2) ＝線部「なく」と同じ品詞のものとして最も適切なものを〜〜線部ア〜エから選び、記号で答えなさい。（5点）

（　　）

〔江戸川学園取手高—改〕

時間 35分　合格点 80点　得点　点

解答▼別冊26ページ

月　日

重要
1
次の文の□に入る言葉として最も適切なものを、口語訳を参考にしてそれぞれあとから選び、記号で答えなさい。（3点×4―12点）

(1) 花ぞむかしの香《か》ににほひ□。
（花だけは昔のままの香《かお》りににおっているよ。）
ア けら　イ けり　ウ ける　エ けれ　（　）

(2) 浅き瀬《せ》にこそあだ波は□。
（浅瀬にこそ、あだ波が立ってざわざわするのだ。）
ア 立た　イ 立ち　ウ 立つ　エ 立て　（　）

(3) いかなるゆゑか侍《はべ》り□。
（なにかわけがあったのでしょうか。）
ア ける　イ けむ　ウ けめ　エ けり　（　）

(4) かしこく強き馬をなむ持ちたり□。
（かしこく強いよい馬を持っていた。）
ア ける　イ けむ　ウ けめ　エ けり　（　）

2
次の古文の――線部「事のみぞ多かる」には、文語文特有の表現が含《ふく》まれている。これと同じ表現を含んでいるものをあとから一つ選び、記号で答えなさい。（4点）

いずくにもあれ、しばし旅だちたるこそ、めさむるここちすれ。そのわたり、ここかしこ見ありき、ゐなかびたる所、山里などは、いと目なれぬ事のみぞ多かる。（「徒然草《つれづれぐさ》」）

ア しばし旅だちたるこそ
イ そのわたり、ここかしこ見ありき
ウ よろづに心づかひせらるれ
エ 常よりはをかしとこそ見ゆれ
（　）

重要
3
次の古文を読んで、あとの問いに答えなさい。（4点×2―8点）

うつくしきもの。瓜《うり》にかきたるちごの①顔。すずめの子のねず鳴きするにをどりくる。二つ三つばかりなるちごの、いそぎてはひ来る道に、いとちひさき塵《ちり》のありけるを、目ざとに見つけて、いとをかしげなる指《および》にとらへて、大人などに②見せたる、いとうつくし。頭《かしら》はあまそぎなるちごの、目に髪《かみ》のおほへるをかきはやらで、うちかたぶきて物など見たるも、うつくし。（「枕草子《まくらのそうし》」）

(1) ――線部①「の」と同じ意味・用法のものを、次の――線部ア～エから一つ選び、記号で答えなさい。
すずめのア子のイねず鳴きするにをどりくる。《中略》頭はあまそぎなるちごのウ、目に髪のエおほへるをかきはやらで、……。
（　）

(2) ――線部②「見せたる」の主語を次から一つ選び、記号で答えなさい。
ア ちごの　イ 塵の　ウ 指に　エ 大人などに
（　）
〔栃木―改〕

難

4

次の古文の①～⑧の言葉を、本文に合うように適切な形に活用させて答えなさい。（4点×8―32点）

昔、元正《げんしょう》天皇の御時《おんとき》、美濃《みの》の国にまづしく①〔いやし〕男ありけり。②〔老ゆ〕たる父を持ちたりけるを、この男、山の草木をとりて、そのあたひを得て父を養ひけり。この父、朝夕あながちに酒を③〔愛《め》づ〕ほしかりければ、なりひさごといふ物を腰《こし》につけて、酒売る家にのぞみて、常にこれをこひて父を養ふ。あるとき、山に入りて薪《まき》を④〔取る〕んと⑤〔す〕に、苔《こけ》ふかき石にすべりてうつぶしにまろびたりけるに、酒の香の⑥〔す〕ければ思はずにあやしくて、そのあたりを見るに、石の中より水流れ出づる所あり。その色酒に似たりければ、汲《く》みてなむるに、めでたき酒なり。うれしく⑦〔覚ゆ〕て、その後日々にこれを汲みて父をやしなふ。

《中略》その徳をあらはすと感ぜさせ給《たま》ひて、美濃の守になされにけり。家⑧〔ゆたかなり〕なりて、いよいよ孝養の心ふかかりけり。その酒出づる所を養老の滝《たき》と名づけられけり。これによりて、同じき十一月に年号を養老と改められけるとぞ。

（「古今著聞集《ここんちょもんじゅう》」）

①（　　）②（　　）③（　　）

④（　　）⑤（　　）⑥（　　）

⑦（　　）⑧（　　）

〔甲陽学院高―改〕

5

次の古文を読んで、あとの問いに答えなさい。

筑紫《つくし》に、なにがしの押領使《あふりやうし》などいふやうなるもの①ありけるが、土大根をよろづに②いみじき薬とて、朝ごとに二つづつ焼きて食ひけること年③久しくなりぬ。

ある時、館《たち》の内に人も④なかりける暇《ひま》を測りて、敵襲《かたきおそ》ひ来たりて囲めけるに、館の内につはもの二人⑤出《い》で来て、命を⑥惜《を》しまず戦ひて、皆《みな》追ひ返してけり。いと⑦不思議に覚えて、日ごろここにものしたまふと⑧見ぬ人々の、かく戦ひしたまふは、いかなる人ぞと問ひければ、年ごろ頼《たの》みて朝な朝なⓐ召《め》しつる土おほねらにⓑさぶらふと言ひて、失せにけり。

深く信を致《いた》しぬれば、かかる徳もありけるにこそ。

（「徒然草《つれづれぐさ》」）

(1) ――線部①～⑧を終止形に直しなさい。また、活用の種類を次から一つ選び、記号で答えなさい。（完答4点×8―32点）

ア 四段活用　イ 上一段活用　ウ 上二段活用
エ 下一段活用　オ 下二段活用　カ カ行変格活用
キ サ行変格活用　ク ラ行変格活用　ケ ナ行変格活用
コ ク活用　サ シク活用　シ ナリ活用
ス タリ活用

①（　　・　　）②（　　・　　）

③（　　・　　）④（　　・　　）

⑤（　　・　　）⑥（　　・　　）

⑦（　　・　　）⑧（　　・　　）

(2) ～～線部ⓐ「召し」は現代語の「召し上がる」に、ⓑ「さぶらふ」は「ございます」にあたる。敬語の種類をそれぞれ漢字三字で答えなさい。（6点×2―12点）

ⓐ □□□　ⓑ □□□

〔早稲田実業学校高―改〕

総合実力テスト 第1回

時間 30分
合格点 80点
得点 点

解答▼別冊27ページ

月 日

1 次の文の――線部の敬語は、使い方を誤っている。それぞれ適切な表現に改めなさい。（5点×4―20点）

(1) 私は先生のためにも精一杯《せいいっぱい》努力なさる所存です。（　　）

(2) 先日先生から差し上げたお土産、大切にしています。（　　）

(3) 先生が申された言葉、励《はげ》みになりました。（　　）

(4) 私のほうからお宅にいらっしゃいますので、お待ちください。（　　）

2 次の文章を読んで、あとの問いに答えなさい。

深い森であれば、草や木が複雑に生い茂《しげ》り、すべての植物が食べ尽《つ》くされるということはないだろう。しかし、ⓐ見晴しの良い草原は、植物は隠《かく》れる場所がない。さらに、生えている植物の量も限られて①いる。草食動物たちは、少ない植物を競い合うように食べに②くる。

草原で必要なことは、他の植物と③競争することよりも、草食動物から身を守ることなのだ。

それでは、植物たちは、ⓑどのように身を④守れば良いのだろうか。草原で⑤食べられる植物として、際立《きわだ》った進化を⑥遂《と》げたのが、イネ科植物である。

コメやコムギ、トウモロコシなどイネ科の作物は、人間にとってⓒ重要な食糧《しょくりょう》である。しかし、人間の食用になっているのは、植物の種子の部分である。イネやコムギ、トウモロコシの葉は、煮《に》ても焼いても食べることができⓓない。イネ科植物は、葉が固いので、ⓔとても食べられないのだ。

（稲垣栄洋《いながきひでひろ》「たたかう植物―仁義《じんぎ》なき生存戦略」）

(1) ――線部ⓐ〜ⓔの品詞をそれぞれ次から選び、記号で答えなさい。（2点×5―10点）

ア 名詞　イ 動詞　ウ 形容詞　エ 形容動詞
オ 副詞　カ 連体詞　キ 接続詞　ク 感動詞
ケ 助動詞　コ 助詞

ⓐ（　　）　ⓑ（　　）　ⓒ（　　）
ⓓ（　　）　ⓔ（　　）

(2) ――線部①〜⑥の動詞について、活用の種類と活用形をそれぞれ答えなさい。（完答2点×6―12点）

①（　　・　　）　②（　　・　　）
③（　　・　　）　④（　　・　　）
⑤（　　・　　）　⑥（　　・　　）

〔履正社高―改〕

3

次の文の――線部と同じ意味・用法の言葉として、最も適切なものをそれぞれあとから選び、記号で答えなさい。（5点×2―10点）

(1) 自分ばかりがボールを投げていてもおもしろくない。
ア 今出発したばかりだ。　イ 半年ばかりたった。
ウ 泣き出さんばかりの顔だった。
エ 弟のことばかりほめる。　（　　）〔岐阜―改〕

(2) 最初森林の中の長い散歩が、私に空を発見させた。それまでは毎日この空を見ていると思っていたのだ。
ア 神様に、合格できるようにとお願いした。
イ この問題は昨日解いた問題と同じだ。
ウ 友達と勉強したところが試験に出た。
エ 改札口を出ると足早に歩き出した。　（　　）〔國學院高―改〕

4

次の問いに答えなさい。

(1) 次の□に「言う」の謙譲《けんじょう》語を入れ、文を完成させなさい。（6点）
心からお礼を□ます。　（　　）

(2) 次の①・②は同じ意味の文である。それぞれの――線部から、動詞を抜《ぬ》き出しなさい。（5点×2―10点）
① この道を登れば、山頂へ行ける。（　　）（　　）
② この道を登れば、山頂へ行かれる。（　　）（　　）

(3) 次の文の……線部と――線部の関係が適切になるように、――線部を正しい形に改めなさい。（7点）
彼女が医者を志したのは、多くの人々を助けたいと思った。
（　　）〔千葉〕

5

次の文の――線部と同じ意味・用法の言葉として、最も適切なものをそれぞれあとから選び、記号で答えなさい。（5点×5―25点）

(1) 人間は考える動物である。
ア 台風で家がたおれた。　イ その本は一か月で書かれた。
ウ これが彼《かれ》ので、あれが僕《ぼく》のだ。
エ 自分自身でやりなさい。　（　　）

(2) 今週あたりから、春めいてくるそうだ。
ア 期限までには送れそうだ。　イ 会はもう始まったそうだ。
ウ 満員になる心配はなさそうだ。
エ 明日の天気は悪くなりそうだ。　（　　）

(3) 昼間よりも夜のほうがきれいだ。
ア 計画がより具体的になる。
イ 試合は午後一時より始まる。
ウ 今年の冬は去年より暖かい。
エ これよりほかにしかたがない。　（　　）

(4) 高校一年の生徒。
ア 読書の好きな子ども。　イ 棒の打ち込《こ》まれた地面。
ウ 春のような風。　エ 母親の焼いたパイ。　（　　）

(5) 友達に助けられる。
ア 先生が戻《もど》って来られる。　イ 自分で服が着られる。
ウ 春の気配が感じられる。
エ 記念樹が植えられる。　（　　）〔目黒日本大高―改〕

総合実力テスト 第2回

時間	合格点	得点
30分	80点	点

月　日

解答▼別冊27ページ

1 次の文から五段活用の動詞を含《ふく》むものとして最も適切なものを選び、記号で答えなさい。(8点)

ア 朝早く起きます。　イ すぐバスが来ます。

ウ 向こうまで歩きます。　エ 友と話をします。

（　　）〔岡山－改〕

2 次の文の――線部「貧しかりける子が」の「が」と同じはたらきをしている「が」が含まれているものとして最も適切なものをあとから選び、記号で答えなさい。(8点)

貧しかりける子が夢に見けるは、亡《なき》父来《きた》りて、もの嘆《なげ》かしき気色にて言ひけるは、……。

ア 責めらるるが堪《た》へがたきに

イ かの子息がもとへ

ウ 我《わ》が父責めまゐらするうへに

エ 親が嘆きをやすめ

（　　）〔桐蔭学園高－改〕

3 次の文を例にならって品詞に分け、その品詞名をそれぞれ答えなさい。(完答28点)

例　山（名詞）―に（助詞）―登る（動詞）。

・私もたまにむかしの学生や職場の同僚《どうりょう》から披露宴《ひろうえん》に招かれたりします。

（　　）〔大阪教育大附高(平野)－改〕

4 次の文の――線部と同じ意味・用法の言葉として、最も適切なものをそれぞれあとから選び、記号で答えなさい。(7点×4―28点)

(1) 長い人生を歩んでこられた方々から多くのことを学ぶことができる絶好の機会なのです。

ア 近所の人にほめられた。

イ 来賓《らいひん》が祝辞を述べられた。

ウ 妹のことが案じられた。

エ ルールはすぐ覚えられた。

（　　）〔秋田－改〕

(2) 木々の濃緑《こみどり》にゆったりとガードされるようにして慎《つつ》ましく建っていた。

ア 勉強しようにも時間がない。

イ 母は海のように広い心の持ち主だ。

ウ 田中さんのように頑固《がんこ》な人はいない。
エ 彼《かれ》は日本語がよく解《わか》らないように私には見えた。

（　　）

(3) 親が取り寄せている演芸画報などを、飽《あ》かず眺《なが》めて子どもらしい憧《あこが》れを養っていた。〔早稲田大高－改〕

ア コンピュータの配線は、きわめて複雑らしい。
イ 明日は雨らしいが、夜には晴れてくるそうだ。
ウ のどかな春らしい天気が、何日も続いている。
エ 戸の陰《かげ》に隠《かく》れているのは、どうも子どもらしい。

（　　）〔山梨－改〕

(4) 自分の考えで勝手に読むのは読まないのと同じである。

ア さりげない思いやり。
イ 熱を逃《に》がさない容器。
ウ 一人でも寂《さび》しくない。
エ 大空には雲一つない。

（　　）〔群馬－改〕

5 **次の文の――線部と同じ意味・用法の助詞として、最も適切なものをそれぞれあとから選び、記号で答えなさい。**（7点×4―28点）

(1) 私がこの学校を選んだ理由のひとつは、家から近く、徒歩で通学できる点である。

ア 飛行機が飛んでいる。
イ 山の高さを地図で調べた。
ウ みんなで歌をうたった。
エ 向こうが病院でこちらは学校だ。

（　　）〔大阪－改〕

(2) 無理に人を笑わせようとすることほどむなしいことはあるまい。

ア 旅行ほど楽しいものはない。
イ 駅までは十分ほどかかる。
ウ 早ければ早いほどよい。
エ 冗談《じょうだん》にもほどがある。

（　　）〔奈良－改〕

(3) あるところまでは倒《たお》れずにがんばっているが、限界をこえてしまうと柄《ほぞ》が折れて、それで一挙にこわれてしまう。

ア 君までがそんなことを言うのか。
イ 全部とは言わないまでも半分は集まる。
ウ わざわざ行くまでもないことだ。
エ 彼が来るまで待っていることにしよう。

（　　）〔新潟－改〕

(4) 人間であるかぎり、それぞれが自分の願望や欲望のかなうことを望んでいるわけですが……

ア 花の名前を祖母から教わる。
イ ここにある白い自転車は兄のだ。
ウ 明日は何時から練習するの。
エ 父の訪《おとず》れた旅館が雑誌で紹介《しょうかい》された。

（　　）〔福島－改〕

総合実力テスト 第3回

解答▼別冊28ページ

時間	合格点	得点
30分	80点	点

月　日

1 次の文章を読んで、あとの問いに答えなさい。

　言葉によってつむぎ出された文学や思想は、人の注目を引きやすく、拍手喝采《はくしゅかっさい》を浴びることもあります。それに比べて、文学や思想を生み出した言葉そのものが派手派手しく脚光《きゃっこう》を浴びたりすることはありません。言葉は、織物を作り出すための糸に過ぎません。

　ところが、最近とくに、素材である日本語が注目を浴びています。なぜでしょうか？　素材である言葉が激しく変化している時期だからです。古い言葉や表現が急速に忘れられつつあります。日本の伝統的な言葉や表現が次々に失われているのです。それが、日本の年配者の危機感を煽《あお》っています。日本語をもっとしっかり教えなくては、という思いが、ナショナリズム的な昨今の風潮《ふうちょう》に後押《あとお》しされて、前面に出てきている時期なのです。

《中略》

　あなたは、今話している日本語がなくなったらどうなるかという問題を考えてみたことがあるでしょうか？　たとえば、英語だけで用をたさなくてはいけない^ア^状態になったとしたら？　むろん、権力で強要されれば、長い時間をかけて、英語だけを話すようになるでしょう。でも、英語という糸で織り成される文化は、日本語という糸でつむぎ出されていた織物とは全く異なっているのです。たとえば、日本語には擬音《ぎおん》語・擬態語が豊かに存在します。けれども、英語にはあまりありません。すると、こんなことが起こります。

　鳩子《はと》さんは、そんな三好《みよし》さんをジロリと流し見た。

（源氏鶏太《げんじけいた》『御苦労《ごくろう》さん』）

　これは、日本語の文です。これを英語で言おうとすると、「ジロリ」という□がうまく表現できない^イ^のです。藤田《ふじた》孝《たかし》・秋保愼一《あきほしんいち》編『和英擬音語・擬態語翻訳《ほんやく》辞典』（金星堂）では、この箇所《かしょ》をこう翻訳しています。

　Hatoko cast a sharp side-long glance at him.

「鳩子は彼《かれ》に鋭《するど》い横目を向けた」といった意味の英語になっています。これでは「ジロリ」のもっている、眼球を左から右へあるいは右から左へ移動する動きが、失われてしまいます。「ジロリ」は、単に「鋭い横目」という抽象《ちゅうしょう》的な言葉では表せないような、具体的で感覚的な意味を持つ言葉です。つまり、日本語で織り成されていた織物のもっていた独特の風合いがなくなってしまったのです。母国語を失うということは、物の考え方、感じ方を失うということ。大げさに言えば、具体的で感覚的な日本文化が消えているのです。もちろんⓐそれでもいいとおっしゃる方もいらっしゃるかもしれません。

　そういう方は、是非《ぜひ》とも次の問題も考えてみてください。世界中の言語がすべて英語だけに統一されてしまったとします。

すると、どの地域からも英語という糸で織り成される織物しか出来てきません。それぞれの地域のもっていた独特の風合いが失われ、どの地域に行っても、どこに住んでも、同じ織物しか**ウ**ないのです。ということは、異なる織物同士の間で競争したり、刺激《しげき》しあったりすることがないということです。人は、努力をしなくなります。人類の文化そのものが痩《や》せて廃《すた》れていきます。一元化の恐《おそ》ろしいところです。

　人類の文化が発展するのは、さまざまな素材があり、その素材によって織り成される文化が違《ちが》うからこそなのです。違う文化同士が接触《せっしょく》し、互《たが》いに刺激《しげき》しあい、総体として人間の文化が発展する。

　日本語という素材を大切にし、いつくしむ心が、結局は人類を豊かにするわけです。国家主義ではありません。それぞれが自らの創意工夫を凝《こ》らしてつくりだした文化を大切にしあうことこそ、人類を救うと私は信じているのです。そして、この認《にん》識《しき》を持っていれば、他民族に自国の言語を強要したりするようなおろかな真似《まね》をし**エ**ないと信じているのです。

　日本語の歴史を知るということは、日本語の将来を考え、日本語によってつむぎ出された文化そのものを大事にし、後世に伝えていく精神を培《つちか》っていくのに役立ちます。ⓑ私たち人間は、よって立つところの母国語がなければ、文化をつむぎ出せないのです。

（山口仲美《やまぐちなかみ》「日本語の歴史」）

(1) ——線部**ア**〜**エ**の「ない」のうち、一つだけほかと品詞の異なるものを次から選び、記号で答えなさい。(20点)

ア 英語だけで用をたさなくてはいけない状態
イ うまく表現できないのです
ウ 同じ織物しかないのです
エ おろかな真似をしないと信じているのです

（　　　）

(2) □に入る適切な言葉を次から選び、記号で答えなさい。(10点)

ア 擬音語　**イ** 擬態語

（　　　）

(3) ——線部ⓐ「それでもいいとおっしゃる方もいらっしゃるかもしれません」について、次の①・②を、——線部ⓐで用いられている敬語表現に直し、全文を書きなさい。(25点×2—50点)

① どうぞ上着を着たまま入ってください。

（　　　）

② 先生がその絵を見たのを知っていますか。

（　　　）

(4) ——線部ⓑ「私たち人間は、よって立つところの母国語がなければ、文化をつむぎ出せないのです」について、いくつの単語から成り立っているか。漢数字で答えなさい。(20点)

（　　　）

〔京都教育大附高－改〕

総合実力テスト　第4回

解答▼別冊28ページ

時間	合格点	得点
45分	80点	点

月　日

1 次の文章を読んで、あとの問いに答えなさい。

「そいつは、まあ、なんだな……」、「まあ、いいじゃないか」、「まあ、一杯《いっぱい》」、「まあ、そんなに遠慮せずに」、「まあ、待ちなさい」「まあ、ひどい！」……。

日本語のなかで、いちばん便利な言葉は「まあ」という慣用語であろう。便利ということは、多義的ということである。つまり、どんな場合にも、いろいろな形で使うことができるということだ。「そいつは、まあ、なんだな……」というときの「まあ」は、いわば語句のあいだに挿入《そうにゅう》される間投詞とみてよかろうが、「まあ、いいじゃないか」という場合の「まあ」は、相手を[A]意味を持っている。つぎの「まあ、一杯」も同様だが、こちらの原義は「[B]」ということであろう。つぎの「まあ、遠慮《えんりょ》せずに」「まあ、待ちなさい」というときの「まあ」は逆に相手を[C]する用法で、最後の「まあ、ひどい！」の場合は[Ⅰ]といってよかろう。

こんなふうに「まあ」はさまざまな形で使われ、しかも、そのあいだに微妙《びみょう》な意味の濃淡《のうたん》がある。さらにその「まあ」をふたつ重ねて「まあまあ」となると、これはとうてい厳密に意味を分析できない日本語独特の表現となる。「お元気ですか？」ときかれて、「ええ、まあまあです」と答えれば、特別に[D]ことをあらわし、「あしたのお天気はまあまあでしょう」といえば、快晴というわけではないが、さりとて雨が降るほど悪くもないという意味である。強《し》いて英語に訳せば not bad（悪くない）ということになろうか。

「まあ」と同様、「まあまあ」は相手を促《うなが》したり、制止したりするときにもさかんに[ア]使われる。「まあ、ひどい！」と相手が怒《おこ》ったとき、「まあまあ、そう怒らないで」となだめる。相手の「まあ」は[Ⅰ]だが、それを制止する「まあまあ」のほうは[Ⅱ]的用法となる。だが、その「まあまあ」も[Ⅰ]としても使われるのだから何ともややこしい。たとえば、「まあまあ、それはよかった！」、あるいは、「まあまあ、そいつはとんだ災難だったねえ」などというときの「まあまあ」はあきらかに[イ][Ⅰ]といってよかろう。

《中略》

どんな人間もつねに世界にある期待をもって対している。どれほど世界に期待するか、その期待の大きさで人びとの世界観はちがってくる。実際以上の期待を抱《いだ》くか、実際に見合った期待を寄せるか、それとも実際以下に期待を抑制《よくせい》するか、それによって[a]主義、[b]主義、[c]主義が分かれるのである。だが、実際以上に期待すれば、とうぜんその期待は裏切られる[①]ことが多い。逆に実際以下に期待をおさえれば、期待を裏切られる苦痛からはまぬがれる[②]ことができよう。日本人は後者をえらぶのである。この意味で日本人はきわめて臆病《おくびょう》であり、小心であるといってもよい。日本人は[d]的であるとともに[c]的であり、[d]が[c]の上に成り立っていると私がいったのはこのゆえである。期するところを少なくすれば、苦痛はそれだけ軽減される。すべてにいちおう満足していら③れる。これが日本人の基本的な精神の構えである。そして、これをウ見事にいい当てているのが、ほかならぬ「まあまあ」という日本語のあいまいな[Ⅱ]なのだ。

「まあまあ」という言葉は、前記のようにエじつに多様に使われているが、その本質は[e]にある。「まあまあ、そう怒らずに」「まあまあ、いいじゃないか」「まあまあ、そんなもんだよ」「まあまあの出来だな」「まあまあ有り難《がた》いと思わなくちゃ」

これらはいずれも、自分が実際以下に設定した期待をそのままいいあらわしている。期待はつねに大きくなりがちである。ともすれば肥大してゆく期待に対して、日本人は折りにふれてはそれを[e]する。そして期待を[e]することによって、あらためていちおうの満足を得るのである。したがって、「まあまあ」はアメリカふうにいうならば、take it easy! ということになろう。よくいわ④れる日本人の「まあまあ主義」とは、人生哲学だといってもよい。そして、その哲学《てつがく》をイメージであらわすならば、大海の一部を優《やさ》しく抱いたあのささやかな入江の景色、「日本三景」になるのではなかろうか。

日本人に愛好される俳人小林一茶は、死を前にして、こんな句を遺《のこ》した。

是《これ》がまあつひの栖《すみか》か雪五尺

（森本哲郎《もりもとてつろう》「日本語　表と裏」より。一部改変）

---

(1) 本文中の[A]～[D]に入る適切な言葉をそれぞれ五字以内で答えなさい。（5点×4—20点）

A

B

C

D

(2) 本文中の[Ⅰ]・[Ⅱ]に入る適切な品詞名を漢字で答えなさい。（5点×2—10点）

Ⅰ（　　）

Ⅱ（　　）

(3) ━線部①～④の「れる」から、文法的性質が同じものを二つ選び、記号で答えなさい。（完答5点）

（　　・　　）

(4) ─線部ア～エから、文法的性質がほかと異なるものを一つ選び、記号で答えなさい。（4点）

（　　）

(5) [a]～[e]に入る適切な言葉をそれぞれあとから選び、記号で答えなさい。（3点×5—15点）

ア 現実　イ 悲観　ウ 理想　エ 楽観　オ 抑制

a（　　）　b（　　）　c（　　）

d（　　）　e（　　）

〔明治大付属明治高－改〕

2 次の古文を読んで、あとの問いに答えなさい。

A ある日、山里を歩《あり》くに、梅園あり。梅の花、今を盛《さか》りとをかしく咲《さ》きけるに、梅の木の主《ぬし》を訪《と》ひて、その木を買はんとす。強くこばめども、高値をもつて望みければ、やむことなく①約したり。

B 亀山殿《かめやまどの》の御池《みいけ》に、大井川の水をまかせられんとて、大井の土民に仰《おほ》せて、水車《みづぐるま》を造らせられけり。多くの銭《あし》を給《たま》ひて、数日《すじつ》に営《い》み出だして、掛《か》けたりけるに、大方廻《めぐ》らざりければ、とかく②直しけれども、終《つひ》に廻《まは》らで、徒《いたづ》らに立てりけり。（「徒然草《つれづれぐさ》」）

C ある時、狐《きつね》餌食《ゑじき》をもとめかねて、ここかしこさまよふ所に、烏肉《からすしむら》をくはへて木の上に居《を》れり。狐この肉を取らまほしくおぼえて、烏の居《ゐ》ける木のもとに立ち寄り、「いかに、御身《おほんみ》は万《よろづ》の鳥の中にすぐれてうつくしく見えさせおはします。しかりといへども、すこし事足り給は③ぬ事とては、御声の鼻声にこそ□。ただし、この程世上《せじやう》に申せしは、御声もことの外によくわたらせ給ふなど申してこそ候《さうら》へ。あはれ一節《ひとふし》聞かまほしくこそ□」と④申しければ、烏この儀《ぎ》を誠《まこと》と心得て、「さらば声を出《い》ださん」とて口をはだけけるひまに、つひに肉を落としぬ。狐これを取りて逃《に》げ去りぬ。（「伊曽保物語《いそほものがたり》」）

(1) ——線部①・②・④の主語を抜《ぬ》き出しなさい。（4点×3—12点）
①（　　）②（　　）
④（　　）

(2) ——線部③「ぬ」と同じ意味・用法の助動詞を、Bの段落から一つ抜き出しなさい。（5点）
（　　）

(3) 二つの□に共通して入る適切な言葉を次から一つ選び、記号で答えなさい。（4点）
ア 侍《はべ》ら　イ 侍り　ウ 侍る　エ 侍れ
（　　）

3 次の(1)～(5)の四つの組み合わせのうち、それぞれ一つだけほかと異なるものを選び、記号で答えなさい。（3点×5—15点）

(1) ア わざわざ　イ いきなり　ウ やっぱり　エ けっして
(2) ア どれ　イ どこ　ウ どの　エ どちら
(3) ア ゆかいな　イ きれいな　ウ きらいな　エ おかしな
(4) ア 切る　イ 似る　ウ 減る　エ 乗る
(5) ア 育てる　イ 集める　ウ 絶える　エ 変える

(1)（　　）(2)（　　）(3)（　　）
(4)（　　）(5)（　　）〔高知学芸高—改〕

4 次の文の——線部の助詞の用法のうち、一つだけほかと異なるものを選び、記号で答えなさい。また、その用法として最も適切なものをあとから選び、記号で答えなさい。（5点×2—10点）

A 氷が解けて水になってしまった。
B 東京に住んでいる人は何人いますか。
C 庭に椿《つばき》の花が咲いている。
D 山の上に小屋がある。
E 世の中に多い話だ。

ア 体言に準ずるもの。　イ 変化の結果を表す。
ウ 動作の帰着点を表す。　エ 原因・理由を表す。

（　・　）〔慶應義塾高—改〕

ひっぱると，はずして使えます。

ハイクラステスト

中学 国文法

解答編

解答編

1 文・文節・単語

Step A 解答

本冊▼2・3ページ

1 六

2 (1)（文節）八　（単語）十五　(2)（文節）十一　（単語）二十三

3 （複合語）立ち尽くし・活動写真館　（接頭語）真ん中・まごころ　（接尾語）献身ぶり・三十年ぶり・懐かしさ

4 しずくは

5 救い上げるのは

6 (1)エ　(2)ウ

解説

1 文脈も判断材料であるが、まず最初の一文を決定するために最初の主語に着目し、その述語を決定する。最初の主語「考えたのは」に対応する述語は「方法である」。以下、正解を示す。①第一に～方法である。②これは～見た。③どうか～あった。④しかし～ない。⑤時に～した。⑥内供《ないぐ》は～である。

2 文節に分けるときには次の二つのポイントを押《お》さえること。

・自立語は文節のはじめにある。

・自立語は一文節にただ一つしかない。

(1)の文末「ようだ」は付属語の助動詞のため、「～して｜いる｜ようだ」のように、「ようだ」だけで一つの文節となることはできない。

また、「いる」「いた」「ある」「あった」などは、補助のはたらきをする動詞として一つの文節となる。

(1)受験生で｜ある｜私の｜妹は、｜息抜きに｜バドミントンを｜して｜いるようだ。

(2)傘立てに｜立てて｜おいた｜傘を｜差そうと｜した｜ところ、｜折れて｜いるのに｜気が｜付いた。

単語に分けるときは、それぞれの文節をさらに自立語と付属語に分ける。

(1)受験生｜で｜ある｜私｜の｜妹｜は、｜息抜き｜に｜バドミントン｜を｜し｜て｜いる｜ようだ。

(2)傘立て｜に｜立て｜て｜おい｜た｜傘｜を｜差そ｜う｜と｜し｜た｜ところ、｜折れ｜て｜いる｜の｜に｜気｜が｜付い｜た。

4 「主語」であるから、助詞「が」「は」「も」「こそ」などを含《ふく》む文節に注目し、「離れていく」との対応関係を検討《けんとう》する。

5 「大人が」以下の文を文節に区切り、述語となりうる文節を検討する。

6 (1)「かろうじて」は副詞なので、基本的に用言（動詞・形容詞・形容動詞）を修飾する。

Step B 解答

本冊▼4・5ページ

1 (1)今日、妹が同級生の早川さんと県立博物館に行った。

(2)①九　②山梨の文化を築いてきた

2 (1)できない　(2)一日が

3 (1)イ　(2)イ　(3)エ

4 (1)なので　(2)しか　(3)着替えは｜昼休み中に｜完了しましょう。　(4)八　(5)降りそうだったら

解説

1 (1)「助詞だけを互いに入れ替えて」とあるので、「と」と「が」を入れ替える。

(2)①「昔の｜人たちの｜たゆみない｜努力に｜よって｜山梨の｜文化が｜築かれて｜きた」

②受け身形を能動形に直す問題である。

2 **3** 「もう」「更に」「もし」はいずれも品詞は副詞のため、用言を含む文節を修飾する。「まっさらな」「たしかに」は形容動詞。

4 (1)「なので」は「な」（助動詞）＋「ので」（接続助詞）で、付属語からなる連語で、「風邪《かぜ》なので学校を休んだ。」のように自立語とともに使う。

話し言葉では接続詞として文頭で用いることもあるが、くだけた表現なのでアナウンスとしてはふさわしくない。
(4)まずは文節に区切り、そのあと自立語と付属語に分ける。単語に分けると次のようになる。「各クラス｜の｜保健委員｜に｜ゴミ袋｜を｜配り｜ます。」「各クラス」は接頭語「各」がついてできた名詞として、「保健委員」「ゴミ袋」は複合語として一単語とみなす。
(5)「もしも」の品詞は副詞。用言を含《ふく》む文節を修飾するのが基本。

2 文節のはたらき ①

Step A 解答　本冊▼6・7ページ

1 ①A　②B　③A　④C　⑤B　⑥B
⑦A　⑧C　⑨A

2 (1)考えは　(2)花が

3 (1)僕が・君にも　(2)彼は
(3)子どもすら・彼だけが　(4)両親も
(5)妹しか

4 ウ

5 (1)郷里は・宿場町だ
(2)直美は・別れると、戻らずに、向かった
(3)身動きも・とれない
(4)弟は・走った
(5)僕だけ・出席しないだろう

6 (1)イ　(2)ア　(3)ア　(4)イ　(5)イ

解説

3 各文の述語に着目する。述語との関係で主語を判断するには、本文の「解法のポイント」で示したように、文節の最後の助詞を「が」に置き換《か》え、検討《けんとう》するとよい。
(1)「この問題は」は「できたから」「できるさ」を修飾している。
(4)述語は「わかってくれるよ」で二文節。
(5)「家には」は「いなかった」を修飾している。

4 「猫は」(何は)→「かわいらしい」(どんなだ)の関係に着目する。アは「はなやかだ」は「中庭は」の述語にあたる。「花が」は「咲いていて」に係る。イは修飾・被修飾の関係である。エは「遠くに」が「見える」に係っている。

5 (2)「別れると」「戻らずに」は接続語としてもはたらいているが、主語「直美は」との関係では述語であることに注意。
(5)「パーティーには」は「出席しないだろう」を修飾する修飾語。

6 連体修飾語・連用修飾語の区別については、本文の「解法のポイント」参照のこと。(1)ひらりと↓かわして、(2)にぶい↓爆音が、(3)冷たい↓風が、(4)かすかに↓流れてくる、(5)仲間と↓過ごした。
(4)の「流れて」と「くる」は補助の関係で、主語「声が」の述部としてはたらいている。――線部はこの「流れてくる」を修飾している。修飾する文節が二文節にわたっていることに注意。

Step B 解答　本冊▼8・9ページ

1 (1)選手が　(2)煙が　(3)中が
(4)体調は　(5)祖父が　(6)光たちが
(7)勝敗は　(8)さざえも
(9)叔父さんは　(10)デパートは

2 (1)今度の　休みには　家族で　出かけよう。
(2)きつい　練習を　したのだから、絶対に　負けない。
(3)船は　ゆっくりと　港を　離れ、上海へ　向かった。
(4)汽車は　動き出し、乗客が　大きな　歓声を　あげた。
(5)天気が　回復し、太陽が　ついに　顔を　出した。

3 (1)ウ　(2)イ　(3)ウ　(4)エ　(5)イ
(6)ア　(7)イ　(8)イ　(9)ア　(10)イ
(11)ア　(12)エ　(13)ア　(14)イ　(15)ウ

4 (1)冷たい　(2)庭先に　(3)よく

(4)知らない　(5)かなり

5 (1)浮かぶ　(2)犬が　(3)使って
(4)降ったら　(5)人柄に
(6)入ったと　(7)社会の　(8)見送ったが
(9)出して　(10)理由が

解説

1 (5)・(6)・(7)・(9)・(10)の——線部はすべて二文節になっていることに注意。

2 (1)「休みには」が修飾語として機能していることに注意。「には」を「が」に置き換え、述語との整合性で判断する。休みが出かけよう→×

(3)「港を」「上海へ」がともに修飾語として機能していることを理解しよう。

3 (2)「運び去られるまで」を修飾する。体言を修飾する場合は連体修飾語で、用言を修飾する場合は連用修飾語となる。

(8)「する」を修飾する。

(12)——線部は補助の関係の二文節。

(15)——線部は並立の関係の二文節。

4 設問の指示をよく読むこと。「文節に係る」であるから、——線部の「被修飾語」に対する「修飾語」を答える問題。「被修飾語」が体言ならば連体修飾語、用言ならば連用修飾語が解答となる。

5 (5)「率直な」も「人柄に」を修飾していることに注意。

(7)解答は一つ目に出てくる「社会の」である。

3 文節のはたらき ②

本冊▼10・11ページ

Step A 解答

1 (1)明るく・素直だ
(2)大根も・ナスも
(3)石けんと・タオルを
(4)小さくて・古い
(5)振動と・騒音に
(6)由香と・母は

2 (1)降って・きたので
(2)勉強して・いる
(3)来て・くれた
(4)行かないで・おくれ
(5)聞いて・きた
(6)最新作で・ある
(7)引いて・みよう

3 (1)エ　(2)ア　(3)エ　(4)ア　(5)ウ
(6)イ　(7)イ　(8)ウ　(9)エ　(10)イ

4 (1)追って・いくのも・主部
(2)行って・しまった・述部
(3)兄も・弟も・主部
冷たい・きれいな・修飾部

解説

1 設問にはなっていないが、並立の文節が文中でどんなはたらきをしているかもあわせて考えるとよい。

(1)述部、(2)主部、(3)連用修飾部、(4)連体修飾部、(5)連用修飾部、(6)主部。

3 (2)(3)の違《ちが》いに注意。

(2)「愛媛・香川・徳島・高知が」は並立の関係であり、主部として機能しているので、独立語(部)とはいえない。

(3)独立語の例示(提示)。

(4)「水が」を修飾する連体修飾部として機能している。

(5)「こぼれて　しまった」

(8)「調べて　みる」

4 連文節の文中でのはたらきは「〇〇部」となることに注意。本文の「解法のポイント」参照。

Step B 解答

本冊▼12・13ページ

1 (1)イ　(2)エ　(3)ア　(4)ウ　(5)ウ
(6)ア　(7)イ　(8)エ　(9)イ　(10)ア

2 ウ・オ・ク・ケ・ス(順不同)

3 (1)見せて・ください
(2)試して・みよう
(3)おもしろく・ない
(4)止めて・ほしい
(5)限界で・ある
(6)描いて・あげる
(7)しまって・おく
(8)見せて・もらう

4 (接続語の文節)(2)書いたのだが
(3)それで　(5)騒々しいので
(独立語の文節)(1)はい
(4)こんにちは　(6)おや　(7)ふん

5 このテ・その後

6 ①連体修飾部　②主部
③連用修飾部　④述部
⑤連用修飾部　⑥述部　⑦接続部
⑧連体修飾部　⑨主部

解説

1 ア独立語、イ補助語、ウ並立語、エ接続語。

2 提示文の――線部は補助語。ア修飾語、イ独立語、エ接続語、カ並立語、キ接続語、コ接続語、サ述語、シ並立語、セ主語。

3 ⑷ここでの「ほしい」は補助形容詞。

5 二つ目の文の述語は「理由です」、主語は「理由は」であるため対応していない。三つ目の文の述部は「作成されていました」、主部は「知ったことは」なので対応していない。

6 二文節以上で、文の成分となる場合、「○○部」と呼ぶ。
②は「列を作り」「並んでいる」の主部。③は④を修飾。⑤は⑥を修飾。⑧は「辞典を」を修飾。⑨は「だけ」を「が」に置き換《か》えてみる。

ここに注意

2 コ「困っている」は「困って＋いる」という補助の関係。ただし「困っているのに」は接続語の連文節。

Step C ① 解答
本冊▼14・15ページ

1 半纏は｜いつ｜作られた｜ものだろう。

2 日本は

3 ア

4 ⑴ア　⑵つぶやくのを　⑶取り上げてから　⑷きかれたら

5 エ

6 ⑴もって・いたのは　傘で・あった
⑵（文節）六　（単語）十二
⑶母親たちは

7 ⑴私は｜原稿用紙を｜前に｜すると｜緊張する。
⑵四季の｜中で｜どの｜季節が｜いちばん｜好きですか。
⑶母に｜まごころの｜こもった｜贈り物を｜する。

解説

1 「いつ」は名詞（代名詞）で自立語。

2 「パーム油（という恩恵）」は、前の文にある「家を建てるための木材」「自動車のタイヤの原料になるゴム」と同様に「日本」が得ていたものである。

3 この一文を文節に分け検討《けんとう》する。「好都合であった」は補助の関係にある文節で、述部である。この述部と「これこそ」の関係を検討する。「こそ」を「が」に置き換えても文意が通じる点を押《お》さえる。

4 ⑴直前の「今聞かなくても」がヒントとなる。「今」は「聞かなくても」を修飾している。
⑵おさえるべき点は二点。
①「ふと」は連用修飾語で、②「ミゲル」の動作・様子を修飾する。
⑶⑵と同様、次の二点をおさえる。
①「乱暴に」は連用修飾語で、②「篤義」の動作・様子を修飾する。
⑸「できるだけ」は連用修飾語。

6 ⑵（文節）傘も｜もたずに｜学校に｜出て｜しまった｜日
（単語）傘｜も｜もた｜ず｜に｜学校｜に｜出｜て｜しまっ｜た｜日

7 ⑴「原稿用紙」、⑶「贈り物」は複合語なので、一単語と考える。⑶の「まごころ」の「ま」は接頭語。

Step C ② 解答
本冊▼16・17ページ

1 四

2 ⑴ウ　⑵ウ　⑶イ　⑷ア　⑸ⓑ

3 ⑴イ　⑵オ　⑶ア

4 六

5 ⑴①ひとは｜食べずには｜生きて｜いけない。
②火が｜しばしば｜文明の｜象徴と｜されるのも、｜おそらく｜そういう｜理由からで｜あろう。
③この｜調理｜と｜いう｜いとなみ｜に、｜奇妙な｜こと｜が｜起こっ｜て｜いる。

(2)狩猟民や・採集民に獲物や・採集物を
(3)事実のようである

解説

1 2ページ**1**と同様に最初の主語に着目し、その述語を決定するとよい。最初の主語「私は」に対応する述語は「作り続けた」。以下、正解を示す。①その日～作り続けた。②一箱分の～ついた。③ふぐ刺し用の～散乱した。④そして～充満した。

2 (1)**ア**「いつも」は副詞なので、連用修飾語。あとの「つながっているかどうか」を修飾している。**イ**文節で区切ると「進歩させることに」となり、こちらも続く「つながっているかどうか」を修飾する。
エ主語との対応関係にはない。
(3)並立の関係であることをおさえる。
(4)**イ**はやや迷う。**イ**は「社会との関係において育てていくべきかを」が修飾部となって係っている。
(5)「また」は副詞であり、連用修飾語としてはたらいているものを選択する。

4 鳥が｜山から｜庭の｜木に｜飛んで｜来た。
「飛んで」「来た」は補助の関係で二文節。

5 (1)③「いとなみ」は名詞。「奇妙な」は形容動詞「奇妙だ」の連体形。

4 単語の種類と品詞

StepA 解答 本冊▼18・19ページ

1 (1)明日｜は｜最後｜の｜試合｜だ｜から、｜必ず｜勝ち｜たい。
(2)これ｜が｜この｜店｜で｜いちばん｜大きい｜サイズ｜です。
(3)どんな｜とき｜でも｜ごはん｜だけ｜は｜しっかり｜食べる｜よ。
(4)彼女｜の｜素敵な｜笑顔｜に｜いつも｜癒さ｜れる。
(5)もしもし、｜中村さん｜の｜お宅｜です｜か。

2 ウ・キ・ケ・サ・ソ（順不同）

3 (1)ア (2)エ (3)カ (4)キ (5)ク
(6)ウ (7)オ (8)ア (9)イ (10)コ
(11)イ (12)ケ (13)ウ (14)オ (15)エ

4 ア・オ・ケ・コ・サ（順不同）

5 会う・頼ん・忘れ・持っ・き（順不同）

6 ウ・ク・ケ・サ・シ（順不同）

解説

1 (1)「たい」→希望の助動詞「たい」の終止形。
(2)「この」→連体詞。「大きい」→形容詞「大きい」の連体形。
(3)「どんな」→形容動詞「どんなだ」の連体形。
(4)「素敵な」→形容動詞「素敵だ」の連体形。「癒される」→動詞「癒す」の未然形＋受け身の助動詞「れる」の終止形。
(5)「ですか」→丁寧《ていねい》な断定の助動詞「です」の終止形＋疑問の助詞「か」。

2 **エ**「楽しさ」は形容詞「楽しい」の語幹「楽し」に接尾《せつび》語「さ」がつき名詞化した語。
コ「確かさ」は形容動詞「確かだ」の語幹「確か」に接尾語「さ」がつき名詞化した語。

3 (8)「若さ」は形容詞「若い」が名詞化した語。
(6)・(13)は連体詞のため、活用がないので注意する。

4 **ア**「なに」は一般《いっぱん》に指示代名詞と分類されるが、本書では代名詞も名詞の中に含《ふく》める。名詞の性質の一つは主語になれることなので、その可否で判断する。
ケ「そうした」は「感受性」を修飾する連体詞。連体詞は必ず体言を修飾する語である。
コ「徐々に」は副詞。
サ「ですから」は接続詞。

5 「持って」→動詞「持つ」の連用形「持っ」＋接続助詞「て」。「きてね」→動詞「くる」の連用形「き」＋接続助詞「て」＋終助詞「ね」。

6 **ウ**「ず」→助動詞「ぬ（ん）」の連用形。
オ「でも」→接続詞。
カ「こっくりと」・**キ**「むろん」・**コ**「けっこう」→副詞。
ク「なかっ」→助動詞「ない」の連用形。
ケ「ながら」→接続助詞。
サ「より」→格助詞。
シ「べき」→助動詞「べし」の連体形。

Step B 解答 本冊▼20・21ページ

1 ①助詞 ②形容動詞 ③感動詞 ④接続詞 ⑤副詞 ⑥形容詞 ⑦形容詞 ⑧助動詞 ⑨名詞 ⑩名詞

2 (1)①・助詞 (2)六 (3)⑦連体詞 ⑧助詞 ⑨助動詞 ⑩副詞 ⑪接続詞 ⑫形容動詞

3 (自立語・付属語の順に) (1)四・一 (2)七・五 (3)五・三

4 ①イ ②カ ③イ ④コ ⑤イ ⑥エ ⑦ク ⑧ケ ⑨オ ⑩オ ⑪オ ⑫キ ⑬ア ⑭イ ⑮ア ⑯ウ ⑰コ

5 (1)ない・形容詞 (2)成り立た・動詞 いる・動詞 (3)さまざまな・形容動詞 ある・動詞

6 エ

解説

1 ⑩動詞「痛む」が名詞化していることに注意する。

2 (1)④「どんな」は形容動詞「どんなだ」の連体形。
(2)「なんとなく」は副詞で一語。文節に分けると次の通り。
私たちが｜世界の｜どこへ｜行っても｜なんとなく｜生活できるのは……

3 (3)⑨「ような」は助動詞「ようだ」の連体形。
①自立語→「はい」(感動詞)、「確かに」(形容動詞・連用形)、「この」(連体詞)、「本」(名詞)。付属語→「です」(助動詞・終止形)。
②自立語→「週末」(名詞)、「野球場」(名詞)、「いつも」(副詞)、「多く」(名詞)、「観客」(名詞)、「やっ」(動詞・連用形)、「来る」(動詞・終止形)。付属語→「の」(助詞)、「は」(助詞)、「の」(助詞)、「が」(助詞)、「て」(助詞)。
③自立語→「試験」(名詞)、「結果」(名詞)、「午後」(名詞)、「発表する」(動詞・連体形)、「予定」(名詞)。付属語→「の」(助詞)、「は」(助詞)、「です」(助動詞)。

4 ⑤「また」は接続詞と副詞がある。
・A君がまた｜打った。(副詞。「打った」を修飾)
・A君が打った。またB君も打った。(接続詞。前後の文をつないでいる)
⑬形式名詞。詳細《しょうさい》は23ページを参照。

5 単語で分けるとそれぞれ次のようになる。
(1)しかし｜私｜の｜主張｜は｜それ｜だけ｜で｜は｜ない。
(2)この｜町｜で｜は、｜自家発電｜の｜電力｜だけ｜で｜生活｜を｜成り立た｜せ｜て｜いる。
(3)さまざまな｜生態｜の｜動物｜の｜標本｜が｜ある。

6 エは「ところ」という名詞を修飾する連体詞の「ある」。そのほかは動詞の「ある」。

5 名詞

Step A 解答 本冊▼22・23ページ

1 学校・東京・歴史・遊び・こっち (順不同)

2 集合する・まるで・ふんわりと・考える・便利だ (順不同)

3 ア・オ・コ・シ・ス (順不同)

4 (普通名詞) オ・カ・キ・ケ・コ・ソ・チ・テ (順不同)
(固有名詞) ウ・ス・セ・タ (順不同)
(数詞) イ・ク・サ・シ (順不同)
(代名詞) ア・エ・ツ (順不同)

5 (1)優しさ(優しみ) (2)のどかさ (3)走り (4)白さ(白・白み) (5)研究

解説

1 名詞は主語になれる。主語の例文が作れるかで判断する。「遊び」は動詞「遊ぶ」が名詞化した言葉。

2 1と同様の方法で判断する。「寒さ」は形容詞「寒い」の語幹に接尾語《せつび》「さ」がついて名詞化した言葉。
動詞→集合する・考える
副詞→まるで・ふんわりと
形容動詞→便利だ

3 副詞→よく・必ず・いつも・まったく・ほとんど
動詞→降っ・忘れる・差し出し・それる
形容詞→黄色い

4 ア「私」、エ「彼」は人称《にんしょう》代名詞であることに注意。
ス「高瀬舟」はあとに続く部分に説明があるように、「高瀬川」を上下する小舟であるから、固有名詞となる。

5 形容詞・形容動詞の名詞化はそれぞれの語幹＋「さ」や「み」が多い。動詞は連用形が名詞化を兼《か》ねる。ただし、「研究する」は複合動詞で「研究＋する」なので、名詞化は「する」をとればよい。

StepB 解答

本冊▼24・25ページ

1 イ・エ・カ・キ・ク・ケ・コ・セ・タ・チ（順不同）

2 （普通名詞）ウ・オ・キ・ク・サ・セ・ソ（順不同）
（固有名詞）カ・シ・ス（順不同）
（数詞）ア・コ（順不同）
（代名詞）イ・エ・ケ（順不同）

3 もの・こと・はず・ため（順不同）

4 ①代名詞・ア・ス（記号は順不同）
②形式名詞・エ・タ（記号は順不同）

5 (1)楽しさ（楽しみ）　(2)話　(3)遊び
(4)青さ（青・青み）　(5)にぎやかさ
(6)書き出し

6 (1)ウ　(2)オ　(3)ア　(4)カ　(5)エ
(6)イ　(7)オ　(8)カ　(9)ア　(10)エ

解説

1 主語の例文が作れるかが判断基準の一つ。
副詞→たった・つい・やっぱり・結局・どうにか
連体詞→大きな
動詞→祈る・思う

2 セ「第一人者」は「その社会で最も優《すぐ》れた人」を意味する慣用表現で数詞ではない（第二人者という表現はしない）。

3 「はず」は本来の意味「弓の両端《りょうたん》の弦《つる》をかけるところ」から「当然そうなること」の意として形式的に使われる。そのほかの形式名詞として、「とおり」「ほう（方）」「とき」などがある。
・言われたとおりにします。
・病院へ行ったほうがよい。

4 ス「われわれ」は人称代名詞であることに注意。

5 StepA **5** の解説を参照。

6 (1)近さ→形容詞「近い」の語幹＋「さ」（接尾語）。
(2)記録文→「記録」（名詞）＋「文」（名詞）。
(3)美人→形容詞「美しい」の一部＋「人」（名詞）。
(4)話し言葉→動詞「話す」の連用形＋「言葉」（名詞）。
(5)お天気→「お」（接頭語）＋「天気」（名詞）。
(6)君たち→「君」（名詞）＋「たち（達）」（接尾語）
(7)兄弟→「兄」（名詞）＋「弟」（名詞）
(8)落とし物→動詞「落とす」の連用形＋「物」（名詞）
(9)高値→形容詞「高い」の一部＋「値」（名詞）
(10)真っ白→「真っ」（接頭語に「っ」がついたもの）＋「白」（名詞）

6 副詞・連体詞

StepA 解答

本冊▼26・27ページ

1 イ・ウ・カ・ク・コ（順不同）

2 ア・エ・カ・ク・ケ（順不同）

3 (1)もし　(2)ません　(3)ような（ごとき）

4 ウ

5 ①オ　②イ　③イ　④エ　⑤オ
⑥ウ　⑦イ　⑧ア　⑨エ　⑩ウ

解説

1 副詞の性質（①連用修飾語・②活用がない）を識別の判断基準とする。
形容詞→ア・オ、形容動詞→エ・キ、連体詞→ケ。

2 連体詞の性質（①連体修飾語・②活用がない）を識別の判断基準とする。
形容詞→イ、形容動詞→ウ、動詞→オ・キ。

3 (1)もし～たら（ば）
(2)決して～ない（まい）
(3)まるで～ようだ（ごとし）

4 ア「たぶん～だろう」と呼応の副詞になっている。イ「よく」は「解けた」という用言を修飾している副詞。ウ「あらゆる」は「可能性」という名詞を修飾する連体詞。

5 副詞と形容詞・形容動詞の識別は、活用の有無で判断する。連体詞と名詞の識別は、主語になるかならないかで判断する。
⑤形容動詞「こんなだ」の連体形、⑥連体詞、⑨形容詞「小さい」の連体形の識別には特に注意が

必要。

ここに注意

2 エは月日や行事の前について、「近いうちにくる」という意味を表す連体詞。

Step B 解答

本冊▼28・29ページ

1 (1)ぴかぴかと　(2)もっと　(3)こっそり　(4)たぶん　(5)のっそりと　(6)かなり　(7)からりと　(8)ついに　(9)やっと　(10)ひらひらと

2 (1)ほんの　(2)いかなる　(3)どの　(4)いわゆる　(5)さる　(6)おかしな　(7)あの　(8)いろんな　(9)わが　(10)ある

3 ①たい　②だろう　③ても　④ない　⑤か　⑥ない　⑦ください

4 (1)災難だったね　(2)終わらない　(3)優しい　(4)障害を　(5)上がってくる　(6)マンションの　(7)難しい　(8)打っておいた　(9)する　(10)遠慮していた　(11)お入りください　(12)一度の

5 (1)イ　(2)オ　(3)ウ　(4)エ　(5)ア

解説

1 副詞の性質（①連用修飾語・②活用がない）が判断基準。

2 連体詞の性質（①連体修飾語・②活用がない）が判断基準。

4 (5)「くる」、(8)「おいた」、(10)「いた」、(11)「ください」は補助的に意味を添《そ》えるだけのはたらきであり、連文節で意味をなしている。

5 (1)(2)副詞は原則連用修飾語であるが、連体修飾語となる副詞や、ほかの副詞を修飾する副詞があることに注意すること。

・もっと光を！（副詞が連体修飾語となる例）

・もっとゆっくり歩こう。（副詞がほかの副詞を修飾する例）

また、カは形容動詞を修飾する副詞である。

ここに注意

2 言葉によっては、連体詞になる以外にも、ほかの品詞となる場合もあるため、文全体を見て判断する。

(5)・さる有名人（連体詞）
・友がさる。（動詞）

(10)・ある塾《じゅく》に通う。（連体詞）
・今日は塾がある日だ。（動詞）

7 接続詞・感動詞

Step A 解答

本冊▼30・31ページ

1 つまり・しかし（順不同）

2 (1)エ　(2)カ　(3)オ　(4)キ　(5)ウ　(6)イ　(7)ア　(8)ウ

3 (1)ア・イ　(2)ア・イ　(3)エ・イ

4 (1)ああ　(2)いや　(3)はい

解説

1 一行目の「また」は副詞。

・僕《ぼく》はまた失敗した。（副詞→「失敗した」を修飾）

・私は犬を飼っている。また、猫《ねこ》も飼っている。（接続詞→前後の文をつないでいる）

3 (2)「あるいは」は「もしかしたら」を意味する副詞と、「または」を意味する接続詞の場合がある。連用修飾語になっているか、文と文（文節と文節、単語と単語）をつないでいるかで判断する。

4 感動詞は独立語であり、独立語は文字どおりほかの文節から独立している文節である。したがって、(1)の「もう」（「どうでもいい」を修飾している連用修飾語・副詞）や(3)の「それから」（前後の文をつないでいる接続語・接続詞）は独立語にはならない。

Step B 解答

本冊▼32・33ページ

1 あるいは・また・しかし・したがって・それゆえ・そこで・すなわち・つまり・もっとも・ところが（順不同）

2 (1)それから・エ　(2)および・エ　(3)けれども・イ　(4)なぜなら・ウ　(5)そのうえ・オ　(6)それとも・カ　(7)さて・キ　(8)すると・ア　(9)では・キ　(10)それなのに・イ

3 (1)しかし　(2)あるいは

4 いいえ・さあ・はい・おや・ああ・へ
ええ・うん・ふうん（順不同）

解説

1 「それゆえ」は前の内容からあとの内容に順当に続く順接のはたらき、「もっとも」は前の内容についての説明や補足をするはたらきである。

2 ⑴・⑵どちらも、同等のものを並べているので並立。
⑸「それに加えて」の意味だから添加。
⑺前の文の内容から話題を転じているので、転換。

3 ⑴は逆接の接続詞、⑵は選択の接続詞を探す。

4 感動詞の性質の一つは「ほかの文節に影響《えいきょう》を与《あた》えず、独立語となる」ことである。したがって、「はい」「いいえ」など応答の言葉も感動詞である。

ここに注意

1 六つ目の文章の「もっとも」は副詞や形容動詞の一部の場合もあるので注意すること。
・ゲームは禁止だ。もっとも次のテストで満点をとるなら別だが。（接続詞）
・彼が学校でもっとも背の高い生徒です。（副詞。「高い」を修飾する連用修飾語）
・それももっともな話だ。（形容動詞の語幹）

8 動詞

Step A 解答

本冊▼34・35ページ

1 ①き ②き ③い ④カ行五段 ⑤さ
⑥サ行変格 ⑦〇 ⑧ダ行下一段
⑨カ行変格 ⑩〇

2 ⑴助けれ ⑵来 ⑶歌っ
⑷見・見え ⑸信用さ・信用し
⑹書い・読ん

3 ⑴× ⑵〇 ⑶× ⑷× ⑸〇
⑹〇

4 ⑴他 ⑵自 ⑶自 ⑷他 ⑸他
⑹自

5 ⑴〇 ⑵× ⑶〇 ⑷× ⑸〇
⑹〇

6 ⑴〇 ⑵〇 ⑶× ⑷〇

解説

1 ③五段活用・連用形はサ行五段活用（「回す」など）を除《のぞ》き二種類の活用があり、そのうちの一つは音便化することを押《お》さえる（本文の「解法のポイント」参照）。
⑩「〜できる」の意の可能動詞はすべて下一段活用で、命令形がない。

2 ⑴カ行下一段活用・仮定形
⑵カ行変格活用・連用形
⑶ワ行五段活用・連用形
⑷マ行上一段活用・未然形、ア行下一段活用・未然形
⑸サ行変格活用・未然形（二語とも）
⑹カ行五段活用・連用形、マ行五段活用・連用形

3 可能動詞は下一段活用。しかし下一段活用がすべて可能動詞とは限らない。
⑴五段活用・仮定形
⑵働く→働ける
⑶五段活用・連体形
⑷下一段活用・連体形。ただし「〜できる」の意味が含《ふく》まれていないので、可能動詞ではない。
⑸読む→読める
⑹書く→書ける

4 動作・作用が主体以外に及ぶ形で表現される動詞が、他動詞である。他動詞は目的語を伴《ともな》い、多くの場合「〜を」という形をとる。
・家が建つ。（自動詞）
・家を建てる。（他動詞）
⑸「その話は」が目的語となっている。

5 補助動詞とは動詞が本来の意味を失って、付属的なはたらきをするものとして用いられるものである。
・服をたんすにしまった。（本動詞）
・また失敗してしまった。（補助動詞）

6 ⑴飛ぶ＋おりる→飛びおりる
⑵歩む＋寄る→歩み寄る
⑶うち（接頭語）＋続く→うち続く
⑷分ける＋合う→分け合う

ここに注意

1 ⑩可能動詞について
〇五段活用を基準として考えられる。
書く（五段活用）→書ける（下一段活用）
〇次の——部の動詞は可能動詞ではない。
・一人で起きられるようになった。
（上一段活用の動詞「起きる」の未然形「起き」＋助動詞「られる」）

・彼《かれ》はどこでも寝《ね》られる。
（下一段活用の動詞「寝る」の未然形「寝」＋助動詞「られる」）
※「起きれる」「寝れる」などのいわゆる「ら抜《ぬ》き言葉」は文法的には誤り。

Step B 解答

本冊▼36・37ページ

1 イ

2 ウ

3 ①イ・キ ②ア・コ ③ア・サ ④オ・キ ⑤ウ・ケ ⑥ア・カ ⑦ア・カ ⑧イ・キ

4 ①エ ②カ ③オ ④ウ ⑤ア ⑥エ ⑦イ ⑧イ ⑨オ ⑩ウ

5 ①カ行変格活用 ②上一段活用 ③五段活用 ④下一段活用 ⑤五段活用 ⑥サ行変格活用 ⑦五段活用 ⑧五段活用 ⑨上一段活用 ⑩下一段活用

6 こげる・泳げる・動ける・読める・書ける（順不同）

7 (1)聞く (2)出る (3)燃やす (4)回す (5)曲がる (6)つく (7)落ちる (8)建てる

解説

1 やや判断に迷う。イ「終わり」は動詞「終わる」の連用形ではなく、名詞化した語。丁寧《ていねい》な断定の助動詞「です」の終止形は体言・助詞などに接続し、動詞＋「です」という形にはならない。

3 各活用形に続く主な語は覚えておくこと。
未然形→「ない」「う」
連用形→「ます」「た」「て（で）」
連体形→「とき」「こと」
仮定形→「ば」
⑤「合わせる」は連体形。動詞は終止形と連体形が同じだが、あとに続く語が形容動詞にも接続する場合、形容動詞の活用で確かめると判断できる場合がある。
・静かなだけ（連体形○）
・静かだだけ（終止形×）
「だけ」は用言・連体形に接続することがわかる。

4 ①・⑥あとに続く語が体言なら連体形。
⑦サ行変格活用動詞の活用語尾《ごび》「し」は未然形と連用形があるので、活用形に続く語に着目する。

6 可能動詞はすべて下一段活用。

7 他動詞は①基本的に目的語を伴《ともな》い、②多くの場合「～を」の形をとる。
(1)自動詞 (2)他動詞 (3)自動詞 (4)自動詞 (5)他動詞 (6)他動詞 (7)他動詞 (8)自動詞

9 形容詞・形容動詞

Step A 解答

本冊▼38・39ページ

1 ①かろ ②く ③けれ ④で ⑤な ⑥なら ⑦○

2 (形容詞) ウ・コ・タ・チ・テ（順不同）
(形容動詞) エ・オ・ス・ソ・ト（順不同）

3 ウ・カ（順不同）

4 (1)ウ (2)イ (3)ウ (4)ア (5)ア (6)イ (7)ウ

5 (1)エ (2)ウ (3)ア

解説

2 次の選択肢《せんたくし》の品詞には注意。詳細《しょうさい》はあとの「ここに注意」を参照のこと。
ア「あのような」→連体詞「あの」＋助動詞「ようだ」の連体形。

カ「いまだに」→副詞（形容動詞・連用形との識別は活用の有無で判断）。

キ「ない」→助動詞「ない」の終止形。

ケ「小さな」→連体詞。

サ「優しさ」・シ「美しさ」→名詞。

セ「このように」→連体詞「この」＋助動詞「ようだ」の連用形。

ツ「よく」→副詞（形容詞・連用形「よく」との識別は語の意味で判断する。「よく」＝「しばしば、たびたび」の意なら副詞）。

3 ウ・カ「～（は）ない」→補助形容詞。
ア・イ・オは否定（打ち消し）の助動詞「ない」。

エは形容詞。

4 (1)「解決する」を修飾。
(2)「音」を修飾。
(3)「育っておくれ」を修飾。
(6)「説明」を修飾。
(7)「記録する」を修飾。

ここに注意

2 形容詞「ない」と助動詞「ない」の識別

・彼女は何も話さない。（助動詞）

・外国に行ったことはない。（形容詞）

・僕《ぼく》の家は大きくない。（補助形容詞）

①動詞に続く「ない」は助動詞。

②「存在しない」の意で用いられている「ない」は形容詞。

③形容詞・形容動詞に続く「ない」は補助形容詞。「ない」の前に「は」を補って文意が通るかでも判断できる。

・動かない→動か（は）ない（×助動詞）

・元気でない→元気で（は）ない（○補助形容詞）

※チ「なかっ」→「楽しく（は）なかった」となるので、補助形容詞。

形容動詞・連体詞の識別

基本的には活用の有無で判断する。

・おかしな話（おかしだ×→連体詞）

・愉快《ゆかい》な話（愉快だ○→形容動詞）

ただし形容動詞「こんなだ」「あんなだ」「そんなだ」などの連体形は語幹そのものが直接続く。

・こんな家に住みたい。（○）

・こんなな家に住みたい。（×）

Step B 解答

本冊▼40・41ページ

1 (1)美しい　(2)うれしく　(3)速く　(4)おもしろかろ　(5)新しい　(6)鋭い　(7)激しく　(8)赤かっ　(9)薄けれ　(10)小高い

2 (1)かすかな・連体（形）　(2)お元気で・連用（形）　(3)見事に・連用（形）　(4)本当なら・仮定（形）　(5)健全な・連体（形）　(6)単純な・連体（形）　(7)殺風景だろ・未然（形）

3 (1)エ　(2)軽く・形容詞・連用（形）　うなずい・動詞・連用（形）　向かっ・動詞・連用（形）（順不同）　(3)形容動詞・エ　(4)イ　(5)ア

4 イ・エ・オ（順不同）

5 (1)ウ　(2)ア　(3)エ　(4)イ

6 (1)オ　(2)ウ

解説

1 (10)「小高い」は形容詞「高い」に接頭語「小」がついた派生形容詞。

2 (2)「お元気で」は「元気だ」に接頭語「お」がついた派生形容動詞。

3 (1)「高く」→形容詞・連用形。エ「にぎやかに」→形容動詞・連用形。

(3)ア「小さな」は連体詞。イは形容詞。ウは副詞。

(4)イは動詞。イ以外は連体詞。

(5)設問文中の「ない」は補助形容詞。ウ「ない」は形容詞「少ない」の一部。イ・エは助動詞。

4 形容動詞・終止形と名詞＋断定の助動詞「だ」の識別の問題。基本的に、活用の有無で判断する。「な」をつけて連体形にして例文を作ると判別しやすい。

・強固だ→強固な建物○（形容動詞）

・病院だ→病院な建物×（名詞＋助動詞「だ」）

5 (2)――線部直後の「の」は体言に準ずるはたらきをする助詞なので、ここでは形容詞「楽しい」が主語のはたらきをしている。

ここに注意

2 (2)「お元気で」は派生形容動詞なので、それで一単語と考える。

Step C① 解答

本冊▼42・43ページ

1 (1)ア　(2)コ　(3)ク　(4)イ　(5)ケ

2 ⓐ・接続詞

3 オ

4 ①カ行変格（活用）・連用（形）　②五段（活用）・連用（形）　③サ行変格（活用）・終止（形）　④上一段（活用）・連用（形）

5 (1)名詞　(2)形容詞　(3)動詞　(4)名詞　(5)副詞

6 ⑴ウ　⑵エ

7 ⑴下一段活用・連用（形）
⑵品詞名…副詞　修飾…いなかったら
⑶ア

解説

1 ⑴動詞「つもる（積もる）」の連用形「つもり」が名詞化した語。
⑷形容詞「恥ずかしい」に接尾語《せつび》「がる」がついて動詞化した派生語の動詞。
⑸動詞に続く「ない」は否定（打ち消し）の助動詞。

2 正答以外は副詞。

3 いずれも動詞の連用形だが、オ以外は五段活用の連用形で、イ音便化している。「強いる」はア行上一段活用。

4 軽視や意外の意味を持つ助詞「なんて」は、体言や活用語の終止形のあとにつくので、③は終止形。そのほかは接続助詞「て（で）」がつくので連用形。

5 ⑷形容詞「強い」の語幹＋接尾語《せつび》「さ」の派生名詞。
⑸「しなくても」を修飾する連用修飾語であることをまずおさえる。

6 ⑴ウは形容動詞・連用形。それ以外は副詞。
⑵エは形容詞の「ない」。それ以外は助動詞「ない」。

7 ⑶動詞「ある」は補助動詞としてもはたらく。
・かばんは机の上にある。（「存在する」の意。本動詞）
・吾輩《わがはい》は猫《ねこ》である。（補助動詞）

ここに注意

7 ⑶動詞「ある」は連体詞「ある」との識別にも注意。
・ある日、出かけた。（連体詞）
・今日は塾《じゅく》がある日だ。（動詞）
どちらも連体修飾語としてはたらいているので間違《まちが》わないこと。

Step C ②　解答

本冊▶44・45ページ

1 ⑴ア　⑵イ
⑶山形はおそらく東京より涼しいだろうと思っていた。

2 ⑴

決して	約束	に	遅れる	こと	が	ない。
副詞	名詞		動詞 連体形	名詞		形容詞 終止形

⑵

うまく	使いこなせ	なく	なっ	て	しまう。
形容詞 連用形	動詞 未然形		動詞 連用形		動詞 終止形

3 A副詞　Bない　C連用　D形式

4 ⑴①副詞　②接続詞
⑵ウ

5 イ

6 ⑴接続詞　⑵副詞　⑶形容詞
⑷感動詞　⑸形容動詞　⑹名詞
⑺連体詞

7 （記号）ウ
（理由）ウは他動詞、ほかは自動詞だから。

解説

1 ⑴①は派生形容詞（動詞「過ごす」＋接尾語「にくい」＝過ごしにくい）。アは名詞に接尾語がつき、形容詞化した派生形容詞。イは補助形容詞。ウは形容詞「ない」。エは複合形容詞（名詞「名」＋形容詞「高い」＝名高い）。
⑵やや細かい問題。②「のんびり」は主に動詞を修飾し、その状態を表す「状態の副詞」。ア「決して」→呼応の副詞（決して〜ない）。イ「しばらく」→状態の副詞。ウ「もっと」・エ「おおむね」→程度の副詞。
⑶設問文の「副詞と呼応した言葉」に着目し、まずは「呼応の副詞」を探す。本文で用いられている呼応の副詞は「おそらく」だけ。「おそらく〜だろう」が基本形式。

2 ⑴の「ない」は形容詞。⑵の「なく」は助動詞。

3 「ない」は補助形容詞である。

5 イは補助形容詞。そのほかは助動詞。

7 他動詞は、「〜を」をつけて意味が通じる（目的語をとる）。自動詞は、「〜が」をつけて意味が通じる（「〜を」をつけると不自然になり、目的語をとらない）。

ここに注意

1 (2)原則として、副詞が動詞を修飾→状態の副詞、形容詞・形容動詞を修飾→程度の副詞。

4 (1)②「また」は副詞としてもはたらく言葉である。
・デパートにも近く、また駅にも近い。(接続詞)
・彼はまたやって来た。(副詞)
接続詞の「また」が並立のはたらきで前後の文をつないでいるのに対して、副詞の「また」は、「もう一度」という意味を表し、「やって来た」を修飾している。

10 助詞

Step A 解答

本冊▼46・47ページ

1 ア・イ・エ・オ・ケ・タ・チ(順不同)

2 (1)①イ ②オ ③ア ④エ
(2)①エ ②イ ③ア
(3)①イ ②ウ ③ア

3 (1)ウ (2)イ

4 (1)エ (2)ウ

解説

1 ウ動詞、カ形容詞の一部、キ助動詞、ク接続詞、コ名詞、サ連体詞、シ動詞、ス名詞、セ助動詞、ソ名詞。

2 (1)③「一緒《いっしょ》に」の意。④「〜すると」「〜すれば」の意。
(2)①・③は格助詞。②は活用のある語の終止形についているので接続助詞。
(3)②「動く」以外もできないことを類推させる。③「頼みの綱までも」と添加を表している。

3 (1)問題と正答ウは場所を表す格助詞、イ・エ原因・理由を表す格助詞。ア手段を表す格助詞。
(2)問題と正答イは程度を表す副助詞。ア・ウ・エ限定を表す副助詞。

4 (1)エは起点を表す格助詞。ほかは確定の順接を表す接続助詞。
(2)ウは受け身の対象を表す格助詞。ほかは場所を表す格助詞。

ここに注意

2 (2)助詞「から」の用法
①格助詞「から」
・ここから出発する。(起点)
・疲《つか》れから病気になる。(原因・動機)
・ミルクからバターを作る。(原料・材料)
※体言や接続助詞「て(で)」のあとにつく
②接続助詞「から」
・難しいからできなかった。(確定の順接)
※活用のある語の終止形のあとにつく
(3)助詞「さえ」の用法
・あいさつさえしない。(ほかを類推させる)→「〜すら」
・君さえよければいいよ。(最低限度)→「〜だけ」
・雨さえ降り出した。(添加)→「〜まで(も)」

3 (1)「で」の識別
・家で遊ぶ。(格助詞・場所)
・ハサミで切る。(格助詞・手段)
・病気で休む。(格助詞・原因・理由)
・本を読んでいる。(接続助詞)
・医者である。(助動詞「だ」の連用形)
・元気である。(形容動詞・連用形の活用語尾)
(2)助詞「ばかり」の用法
・勉強ばかりする。(限定)
・三日ばかり休む。(程度)
・泣き出さんばかり。(今にもしそうになる状態)
・できたばかりのパン。(物事の直後であることを表す)

Step B① 解答

本冊▼48・49ページ

1 ア・ウ・エ・キ・ク・コ・サ・ス・セ・チ(順不同)

2 (1)エ (2)ア (3)ウ (4)イ (5)ア (6)イ

3 (1)イ (2)ウ (3)イ (4)エ (5)ウ (6)ア

4 (1)イ (2)エ (3)ウ (4)エ (5)ウ

5 (1)キ (2)エ (3)カ (4)ア (5)ケ (6)イ (7)コ (8)ク

解説

1 イ名詞、オ助動詞、カ助動詞、ケ動詞の一部、シ助動詞、ソ助動詞、タ形容詞の一部。

2 (3)限度を表す。

(4)仮定の逆接。「(たとえ)～(し)ても」の意。

(5)動作の起点を表す。

3 (1)問題と正答イは確定の逆接を表す接続助詞。「～にかかわらず」の意。ア・ウ・エは体言に準ずるはたらきをする格助詞「の」＋格助詞「に」。「～のものに」「～である場合に」の意。

(2)問題と正答ウは主語を表す格助詞。ア連体修飾語を表す格助詞、イ・エ体言に準ずるはたらきをする格助詞。

(3)問題と正答イはほかを類推させる副助詞。「～でさえ」の意。ア・ウ・エは場所を表す格助詞「で」＋副助詞「も」で「～においても」の意。二語であることに注意。

(4)問題と正答エは原因と結果を結ぶ確定の順接を表す接続助詞。ア・イは補助の関係の接続助詞。ウは並立の関係の接続助詞。

(5)問題と正答ウは到達《とうたつ》点を表す副助詞。ア・イ・エは程度・限度を表す副助詞。

(6)問題と正答アは反語の終助詞。「～だろうか、いや～でない」の意。イ～エは疑問の終助詞。

4 (1)イは連体修飾語を表す。ほかは主語を表す。

(2)エは原因・理由を表す。ほかは手段を表す。

(3)ウはほかを類推させる意。ほかは最低限度を表す。

(4)エは動作の並行を表す。ほかは確定の逆接を表す接続助詞で「～のに」「～にもかかわらず」の意。

(5)ウは順接の接続助詞「て」が濁音《だくおん》になったもの。ほかは原因・理由を表す格助詞。

StepB② 解答

本冊▼50・51ページ

1 (1)エ (2)ウ (3)ウ (4)イ

2 (1)①ウ ②ア ③イ (2)①ア ②カ

3 (1)A仮定 B接続 C格 (2)②ア ④エ

4 (1)エ (2)ア

5 (1)僕の・旅行に・行けるほど (2)最寄りの・駅で・レストランに

解説

1 (1)問題と正答エは限定を表す副助詞。ア・イ程度を表す副助詞、ウ物事の直後であることを表す副助詞。

(2)問題と正答ウは起点を表す格助詞。ア・イ確定の順接を表す接続助詞、エ材料を表す格助詞。

(3)問題と正答ウは確定の逆接(「～にかかわらず」)の接続助詞。ア・イ・エ格助詞「の」＋格助詞「に」。

(4)問題と正答イは強意の副助詞。ア・エほかに同類があることを表す副助詞。ウ仮定の逆接の接続助詞「ても」の一部。

2 助詞「の」のはたらきには、A主語(犬の|ほえる声)、B体言に準ずるもの(私の|と同じ服)、C連体修飾語(私の|本)、D疑問・軽い断定(遊びに行くの|?・彼はいつも元気なの|)がある。A～Cは格助詞、Dは終助詞。

(1)①「こと・もの」に置き換《か》えられる。

②「が」に置き換えられる。

③助動詞「ようだ」の連体形「ような」を修飾している。

(2)イ接続助詞「のに」の一部、ウ主語を表す格助詞、エ連体詞「この」の一部、オ終助詞。

3 (2)②と正答アは副詞の一部。④と正答エは並立を表す副助詞。イとウは強意を表す副助詞。オは確定の逆接の接続助詞「ても」の一部。

4 (1)ア～ウ最低限度、エ添加《てんか》。

(2)問題と正答アはほかを類推させる。ほかは最低限度を表す。

5 (1)「奇跡的に」は形容動詞・連用形。「元気に」は形容動詞・連用形。「まし」は助動詞・連用形。「た」は助動詞・終止形。

(2)「待ち合わせ」は動詞・連用形。「それから」は接続詞。「静かで」は形容動詞・連用形。「おいしい」は形容詞・連体形。「う」は助動詞・終止形。

11 ― 助動詞

StepA 解答

本冊▼52・53ページ

1 イ・ウ・オ・キ・ケ・コ・シ・セ・ト・ヌ(順不同)

2 (1)①チ ②イ ③シ ④ケ (2)①ソ ②カ

(3)①ア　②キ　③サ
(4)①ウ　②ク
(5)①エ　②セ　③コ
(6)①ツ　②タ　③ス

3 (1)イ　(2)ウ

解説

1 ア動詞、エ助詞、カ助詞、ク動詞、サ動詞、ス動詞、ソ動詞、タ形容動詞、チ動詞、ツ動詞、テ形容詞、ナ動詞、ニ動詞。

2 (3)③固有名詞があれば例示とみてよい。
(4)①「〜ないだろう」の意=否定（打ち消し）の推量、②「〜ないようにしよう」の意=否定（打ち消し）の意志。
(5)①「〜ている（てある）」と言い換えられるので、存続。

3 (1)イは否定（打ち消し）の意志の助動詞。ア・ウ・エは否定（打ち消し）の推量の助動詞。(2)ウは推定の助動詞。ア・イ・エは派生形容詞の一部。

ここに注意

3 (2)「らしい」の識別
・今日は午後から晴れるらしい。（推定の助動詞）
・今日の彼女の服装は女性らしい。（派生形容詞の一部）
①推定の助動詞は「どうやら」が補える。
②派生形容詞の一部の場合は「〜にふさわしい」の意となる。

Step B 解答

本冊▼54・55ページ

1 (1)エ　(2)エ　(3)ウ　(4)ア

2 (1)イ・ケ・コ・シ・ソ・ヌ
(2)カ・ス・チ・ニ　(3)ア・キ・テ・ネ
(4)タ・ツ　(5)ウ・オ・ト・ナ
(6)エ・ク・サ・セ（それぞれ順不同）

3 (1)ア　(2)イ　(3)イ　(4)ア　(5)ウ
(6)イ　(7)エ　(8)ウ

解説

1 (1)問題と正答エは完了の助動詞。ア形容動詞の活用語尾《ごび》、イ助動詞「そうだ」の一部、ウ断定の助動詞。
(2)問題と正答エは推定・様態の助動詞。ほかは伝聞の助動詞。
(3)問題と正答ウは比喩《ひゆ》（まるで〜のようだ）を表す助動詞。ア・イ・エは推定の助動詞。
(4)問題と正答アは動作や作用の目的・目標を表す助動詞。イ比喩、ウ推定、エ例示の助動詞。

2 (1)受け身の助動詞。
(2)自発の助動詞。
(3)可能の助動詞。
(4)尊敬の助動詞。
(5)可能動詞の一部（下一段活用）。
(6)ラ行下一段活用動詞の活用語尾。

3 ア補助形容詞「ない」、イ否定（打ち消し）の助動詞、ウ形容詞「汚ない」の一部、エ形容詞「ない」。

ここに注意

3 「ない」の識別
・今日はどこへも行かない。（助動詞・否定）
・どこを探しても傘《かさ》がない。（形容詞）
・その荷物は軽くない。（補助形容詞）
・今日はお客さんが少ない。（形容詞の一部）
①動詞に続く「ない」→助動詞
②形容詞・形容動詞に続く「ない」→補助形容詞
※補助形容詞はその上に「は」を補い、その文意が通じるか否《いな》かで判断する。
○　軽く（は）ない。→補助形容詞
×　行か（は）ない。→助動詞

12 まぎらわしい語の識別 ①

Step A 解答

本冊▼56・57ページ

1 ①ア　②エ　③ア　④ア　⑤ウ
⑥ウ　⑦ア　⑧ア　⑨オ　⑩ウ

2 (1)イ　(2)エ　(3)ウ

3 ア

4 (1)ウ　(2)ウ

解説

1 ①・③・⑦五段活用・連用形に「た（だ）」「て（で）」などが接続する場合、音便化する。

2 ⑴問題は補助形容詞。ア・ウ・エ助動詞「ない」。イ「にぎやかで」（形容動詞「にぎやかだ」の連用形）＋補助形容詞「ない」。
⑵問題と正答エは助動詞「ない」。ア・イ・ウ補助形容詞「ない」。

⑶問題と正答ウは形容詞の一部。ア・エ助動詞「ない」、イ補助形容詞「ない」。

3 ア名詞＋「だ」、イ・ウ・エ形容動詞。

4 ⑴問題と正答ウは連体詞。ア形容詞・連体形、イ形容動詞・連体形、エ動詞・連体形。
⑵問題と正答ウは副詞。ア・イ・エ接続詞。

ここに注意

2 「ない」の識別はこの種の問題では最頻《ひん》出《しゅつ》。一つ前の「ここに注意」をもう一度チェックしよう。

3 「だ」の識別
①形容動詞・終止形の活用語尾
・いつもこの辺りは静かだ。
②断定の助動詞「だ」
・これが私の家だ。
③過去（完了・存続）の助動詞「た」が濁音化した「だ」→「動詞＋だ」の形
・昨日彼《かれ》は休んだ。
④助動詞「ようだ」「そうだ」の一部
・夕方から雨が降るようだ。
・夕方から雨が降るそうだ。

4 ⑴連体詞の性質をもう一度確認すること。
①連体修飾語になる。
②主語になれない。

・この本は私のです。（連体詞）
・これは私の本です。（名詞）
③活用がない。
⑵副詞の性質をもう一度確認すること。
①主に連用修飾語となる。
②主語になれない。
③活用がない。

Step B 解答

本冊▼58・59ページ

1 ⑴イ ⑵エ ⑶ウ ⑷ア ⑸ウ ⑹ウ ⑺エ
2 ①ア・助詞 ②ウ・副詞
3 ⑴ウ ⑵エ ⑶イ ⑷ア ⑸ウ
4 ⑴①オ ②ウ ⑵①エ ②ウ ⑶①オ ②ア ⑷①カ ②ケ

解説

1 ⑴問題と正答イは助動詞。ア形容詞、ウ形容詞の一部、エ補助形容詞。
⑵問題と正答エは本動詞。ア連体詞、イ・ウ補助動詞。

⑶問題と正答ウは受け身の助動詞。ア自発、イ可能、エ尊敬の助動詞。

⑷問題と正答アは補助動詞。イ～エ本動詞。

⑸問題と正答ウは意志の助動詞。ア勧誘《かんゆう》の助動詞、イ比喩《ひゆ》の助動詞「ようだ」の連用形の一部、エ例示の助動詞「ようだ」の連体形の一部。

⑹問題と正答ウは受け身の助動詞。ア自発、エ尊敬の助動詞。イ可能の助動詞「られる」の一部。

⑺問題と正答エは形容動詞・連用形の活用語尾《ごび》。ア～ウ格助詞。

2 ①「よりも」＝助詞＋「も」（助詞）
②「より高い」＝副詞＋「高い」（形容詞・連体形）
ア助詞、イ連体詞、ウ副詞、エ形式名詞、オ助動詞。

3 ⑴ア・イ・エ連体詞。ウ代名詞。「が（は）」がついて主語になれるものが代名詞。
⑵ア～ウ格助詞「で」。エ接続助詞「で」。

⑶ア・ウ・エ否定（打ち消し）の推量の助動詞。イ「～ないようにしよう」と言い換《か》えられる否定（打ち消し）の意志の助動詞。

⑷イ～エ格助詞「で」。ア形容動詞の活用語尾《ごび》の「で」。

⑸ア・イ・エ推定の助動詞「らしい」。ウ形容詞の一部。

4 ⑵①サ行変格活用動詞「する」＋「と」（助詞）。
⑷①「避難せよ」を修飾していることと、活用しないことを確認して副詞と判断する。

ここに注意

4 ⑴接続詞と接続助詞の違《ちが》いに注意すること。
・熱は下がった。けれど食欲がない。（接続詞）
・熱は下がったけれど、食欲がない。（接続助詞）

13 まぎらわしい語の識別 ②

StepA 解答

本冊▼60・61ページ

1 (1)イ (2)ウ (3)ア
2 (1)ア (2)ウ (3)イ (4)ア
3 (1)ウ (2)エ (3)ウ

解説

1 (1)の「の」は「が」に置き換えられる主語を表す格助詞で、これと同じものは**イ**。**ア**と**エ**は連体修飾語を表す格助詞。**ウ**は「もの」や「こと」に置き換えられるので体言に準ずる格助詞。
(2)の「の」は「こと」に置き換えられるので体言に準ずるもので、これと同じものは**ウ**。**ア**は主語を表す格助詞。**イ**は断定の助動詞「だ」の連体形＋接続助詞「のに」。**エ**は終助詞。
(3)は連体修飾語を表す格助詞で、同じものは**ア**。**イ**は主語を表す格助詞。**ウ**は体言に準ずる格助詞。**エ**は接続助詞「ので」の一部。

3 (1)は派生形容詞の一部でこれと同じものは**ウ**。**ア**は形容詞の一部、**イ**と**エ**は推定の助動詞。
(2)の「られる」は、直前に「自然と」を補って意味が変わらないので自発の意味。これと同じものは**エ**。**ア**は受け身の意。**イ**は可能。**ウ**は尊敬。
(3)は副助詞でこれと同じものは**ウ**。**ア**と**エ**は接続助詞「ても」が撥《はつ》音便化した動詞を受けて「でも」になった。**イ**は逆接の接続詞。

StepB 解答

本冊▼62・63ページ

1 (1)Aウ　B形容動 (2)Aウ　B接続　C格
2 エ
3 (1)ア (2)副詞 (3)本は栄養ド
4 (1)12 (2)逆接 (3)まったく (4)新しい・激しい（順不同）
(5)私は新しい教科書で予習し[よう]と　意志
考え[た]が、睡魔に激しく襲わ[れ]まったく　過去　受け身
勉強ができ[なかっ][た]。　否定（打ち消し）　過去
5 (1)エ (2)ア

解説

1 (1)**ア**は助動詞「そうだ」の連体形。**イ**は連体詞の一部（活用がない）。**エ**は助動詞「だ」の体言接続。
(2)**ア**「～とともに」で相手を表す。**イ**は引用を表す。**エ**は並立を表す。

2 副詞として使われている「なお」で、「以前の状態がそのまま続いている」さまを表すものを選ぶ。

3 (1)**ア**は副詞「つねに」の一部。そのほかは助詞。
(2)あとの「変革しよう」を修飾していることに着目。(3)②の「ない」は形容詞。

4 (1)私は／新しい／教科書で／予習を／しようと／考えたが、／睡魔に／激しく／襲われ／まったく／勉強が／できなかった。

5 (1)**ア**は転成名詞「速さ」＋状態を表す格助詞「で」。**イ**は接続詞「それで」の「それ」が省略された形。**ウ**手段を表す格助詞。「～を使って」に置き換えられる。**エ**は断定の助動詞。**オ**原因・理由を表す格助詞。「～のため」と置き換えられる。
(2)**ア**「ぬ」に置き換えられるので否定（打ち消し）の助動詞。**イ**は形容詞の一部で、**エ**は形容詞。**ウ**と**オ**は「は」を補って意味が通じるので補助形容詞。補助形容詞は、直前に形容詞や形容動詞などの連用形がくる。

StepC③ 解答

本冊▼64・65ページ

1 (1)オ (2)ア (3)ウ (4)ウ (5)イ
2 (1)ウ (2)なら (3)ⓑ
3 (1)ウ (2)ウ (3)イ (4)イ
4 (1)ウ (2)イ (3)ア (4)エ (5)オ
5 (1)ウ (2)ア

解説

1 (3)・(4)やや細かい問題。指示を表す副詞＋断定の助動詞「だ」。

2 (1)**ウ**は体言に準ずる格助詞「の」。ほかは連体修飾語。
(2)断定の助動詞「だ」は形容動詞型の活用をする。
(3)ⓑは五段活用の動詞・連用形。ほかは形容詞。

3 (1)**ウ**連体詞→おかしだ×。そのほかは形容動詞・連体形。

(2)ウ並立を意味する接続詞。そのほかは「再び」を意味する副詞。
(3)イ動詞「よる」の連用形「より」。そのほかは格助詞「より」。
(4)イ伝聞の助動詞「そうだ」。そのほかは推定・様態の助動詞「そうだ」。

4
(1)問題と正答**ウ**は使役の助動詞「せる」。同じ意味の助動詞として「させる」があるが、「せる」は五段活用・サ行変格活用動詞の未然形に、「させる」は上一段活用・下一段活用・カ行変格活用動詞の未然形に接続する。**ア**「調べさせる」＝「調べ」（下一段活用動詞・未然形）＋「させる」（助動詞）。**イ**「任せる」という一語の動詞の一部。**エ**「話せる」という一語の動詞（可能動詞）の一部。**オ**「泣かせる」という一語の動詞の一部。
(2)問題と正答**イ**は推定の助動詞「らしい」。そのほかは派生形容詞の一部。接尾語「らしい」がついて形容詞化した。
(3)問題と正答**ア**は本動詞「ある」。**イ・エ**連体詞、**ウ・オ**補助動詞。
(4)問題と正答**エ**は例示を表す副助詞「でも」。**ア**格助詞「で」＋副助詞「も」＝「〜においても」。**イ**「悔やんでも」＝「悔やん」（五段活用動詞・連用形）＋「でも」（接続助詞）。**ウ**「深刻でも」＝「深刻で」（形容動詞・連用形）＋「も」（副助詞）。**オ**断定の助動詞「だ」の連用形「で」＋副助詞「も」。
(5)問題と正答**オ**は程度を表す副助詞「ばかり」。**ア・ウ**限定、**イ**物事の直後であることを表す。**エ**「それだけが原因で」の意を強めた言い方（例 焦ったばかりに失敗した）。

5
(1)**ウ**動作の場所を表す「を」。そのほかは動作の対象を表す「を」。
(2)**ア**帰着点を表す「へ」。そのほかは方向を表す「へ」。

14 敬語の種類

Step A 解答

本冊▼66・67ページ

1 Aカ Bク Cケ Dシ Eオ Fキ Gイ Hサ

2 (1)ウ (2)ア (3)イ (4)イ (5)ア (6)イ (7)イ (8)イ (9)ウ (10)ア (11)イ (12)ウ (13)イ (14)イ (15)ア

3 ア・エ・オ・ク・コ（順不同）

解説

1 敬語は尊敬語・謙譲語・丁寧語の三つの総称《そうしょう》であることに留意すること。

2 (6)・(7)などの体言に接頭（尾）語のついた謙譲語はある程度覚えること。
(8)「思う」の謙譲語。

3 **エ**「お（ご）〜する」は謙譲語となる。

Step B 解答

本冊▼68・69ページ

1 あなたさま・ご身分・お方・いらっしゃる・ご招待

2 ①お子様（お子さん・ご子息） ②いらっしゃい（おられ） ③お客様 ④召し上がって（お召し上がり） ⑤いらっしゃって（いらして・おいで・おいでになって・お越《こ》し・お越しになって） ⑥お父様（父上） ⑦なさっ（され） ⑧お名前（芳名） ⑨お書き（ご記入）

3 ①母 ②うかがう（参る） ③申して ④いたし ⑤いただいて ⑥差し上げ ⑦うかがっ（おうかがいし）

4 ①きます ②です ③なりません ④ありません ⑤でしょうか ⑥薄情です ⑦します ⑧ません ⑨考えます ⑩です

5 お知らせする・差し上げる・申し上げる・参り・いただい・いたし

6 (1)いらっしゃる（来られる・おいでになる・お越しになる） (2)姉 (3)中学校です (4)いただいた (5)おっしゃった（言われた） (6)何ですか (7)母上（お母さん・お母様） (8)ありがとうございます (9)差し上げる (10)なさる（される）

解説

1 「いらっしゃる」は「来る」「行く」「いる」の尊敬語。「ご招待」するのは相手であるから、尊敬語となる。

2 ⑧話し言葉の場合、「お名前」のほうが一般《いっぱん》的。

3 ①敬意を示す相手に身内の動作・状態を表現する場合は謙譲語となる。

4 ⑦謙譲語は「いた（しま）す」。

5 「お（ご）～する」は謙譲語。

6 ⑩「する」の謙譲語は「いたす」。

ここに注意

6 (1)・(5)動詞を尊敬語にするには助動詞「れる」「られる」に接続させればよいが、敬意は尊敬動詞よりやや低くなる。また、入試においては語の数を指定される場合もあるので、注意が必要である。

・いらっしゃる（一語）
・来られる（二語）→「来」（カ行変格活用動詞・未然形）＋「られる」（助動詞）
・おっしゃる（一語）
・言われる（二語）→「言わ」（五段活用動詞・未然形）＋「れる」（助動詞）
・いらっしゃった（二語）＝「いらっしゃっ」＋「た」
・来られた（三語）＝「来」＋「られ」＋「た」

15 敬語の使い方

Step A 解答

本冊▼70・71ページ

1 イ・おっしゃいました（言われました）
オ・拝見して（拝読して）

2 イ・召し上がってください
オ・いらっしゃる（のですか）

3 ①父 ②帰る（帰って参る）
③お待ち ④いただけませんか
⑤母 ⑥おりました
⑦呼んで参りましょうか

4 エ

解説

1 人間関係をまずはおさえる。敬意を示される相手＝館長、敬意を示す人＝生徒。つまり、館長の動作・状態には尊敬語を、生徒の動作・状態には謙譲語を使う。

2 改め方には二通り考えられる。自分の動作なら謙譲語を、相手（敬意を示す相手）の動作なら尊敬語を用いる。**イ**・**オ**は先生の動作なので尊敬語の表現に改める。

3 客の動作・状態には尊敬語を、自分（中学生）と身内の動作・状態には謙譲語を使う。

4 「目上の人に対する謙遜の気持ち」とは謙譲語で表現されるから、謙譲語が使われている文を選《せん》択《たく》すればよい。**ア**「ご覧になる」「お持ちになる」、**イ**「召し上がる」、**ウ**「いらっしゃる」がいずれも尊敬語。**エ**「差し上げる」は「与《あた》える」「やる」の謙譲語。

ここに注意

3 ②・⑦「参る」は「行く」「来る」の謙譲語のほか、「動詞＋て（で）＋参る」で補助動詞「いく」「くる」に謙譲の意を添《そ》える用法がある。

・今からすぐそちらに参ります。
・何か飲み物を買って参りましょうか。

Step B 解答

本冊▼72・73ページ

1 Aもらう Bたべる
Cめしあがる

2 (1)イ (2)ウ (3)イ

3 おっしゃった

4 来られる・いらっしゃる（おいでになる・お越《こ》しになる）

5 (1)エ (2)ア (3)イ (4)オ

6 (1)おっしゃった (2)申しました
(3)ご覧になりましたか
(4)いらっしゃいましたら（おられましたら）
(5)召し上がって (6)なさる（される）
(7)いらっしゃる（来られる・おいでになる・お越しになる） (8)名前は

7 ①お元気にされていますか
②いただいています ③母 ④申して
⑤いらして（おいで・いらっしゃって）

解説

2 (1)「うかがっ」＝「聞く」の謙譲語。**ア**召し上がる＝「食べる」の尊敬語。**イ**承る＝「受ける」の謙譲語。**ウ**なさる＝「する」の尊敬語。**エ**お読みになる＝「お（ご）～になる」で尊敬語。
(2)「拝読し」＝「読む」の謙譲語。**ア**いらっしゃい＝「行く」の尊敬語。**イ**ご覧＝「見る」の尊敬語。**ウ**うかがい＝「行く」の謙譲語。**エ**なさい＝「する」の尊敬語。
(3)「お目にかかっ」＝「会う」の謙譲語。**ア**お帰りになる＝「お（ご）～になる」で尊敬語。**イ**存じ上げ＝「知る」の謙譲語。**ウ**でしょ＝丁寧語（助動詞「です」の未然形）。**エ**おっしゃら＝「言う」の尊敬語。

3 「言われた」は三語。「言わ」（五段活用動詞・未然形）＋「れ」（助動詞「れる」連用形）＋「た」（助動詞「た」終止形）。

5 日本語における敬語は人間関係を示すものであるから、それぞれの場面における関係性をきちんと把握《はあく》する。
①英雄→相手の先生＝敬意を示すので、自分（英雄）の動作・状態を表す語は謙譲語を使う。
②英雄→同窓生＝対等の関係なので、自分の動作・状態を表す語に敬語は使わない。
③第三者の話題が先生＝敬意を示すので、自分の動作・状態を表す語は謙譲語を使う。
④第三者の話題が同窓生＝対等の関係なので、自分の動作・状態を表す語に敬語は使わない。
(1)①と④の関係。
(2)①と③の関係。
(3)②と④の関係。
(4)②と③の関係。
　(2)身内の動作・状態も謙譲語。

6 (3)「拝見する」は「見る」の謙譲語。尊敬語は「ご覧になる」。
(5)「いただく」は「食べる」の謙譲語。
(8)「芳名」は「名前」の尊敬語。

7 まずは次の三点をおさえる。
㋐孫の一郎が祖父にあてた手紙であること。
㋑敬意を示す相手は祖父→祖父の動作・状態は尊敬語で表現。
㋒敬意を示す人は一郎→自分（一郎）や身内の動作・状態は謙譲語で表現。
①祖父の状態を尋《たず》ねているので尊敬語を使う。
②動作主は身内であるから謙譲語を使う。「召し上がる」は「食べる」の尊敬語。
③・④身内の表現・状態は謙譲語を使う。
⑤動作主は祖父。

Step C 解答

本冊▼74・75ページ

1 (1)A敬意　Bです（ます）　Cます（です）
(2)Dおっしゃる　E申す　F言います
(3)うかがってもよろしいでしょうか（うかがってよろしいですか）

2 (1)いただき　(2)おっしゃる
(3)いらっしゃい　(4)召し上がっ
(5)くださっ

3 (1)なさいません（6字）
(2)いらっしゃいましたら（10字）

4 拝見した（4字）

5 A尊敬　Bおっしゃい　C謙譲　D父
E申し　F尊敬語　G謙譲　H犬
Iます　J丁寧

解説

1 (3)Gの直前の「お宅」に着目する。これと対応する表現は——線部の直前の「あなたの家」であるから、Gは——線部の語句を敬語で表現すればよい。相手の家を「お宅」と尊敬語を使って表現しているので、自分の動作・状態は謙譲語を使う。

3 (1)は「いたす」が「する」の謙譲語なので、尊敬語の「なさる」を使う。(2)は「おる」が「いる」の謙譲語なので、尊敬語の「いらっしゃる」を使う。

4 先生の文章を学生が「見た」のだから、敬語表現は謙譲語を使う。時制にも注意する。

5 Cは「の言葉」とあるので、「謙譲」だけを入れる。A・Gも同様。
H動物には敬語を使わない。

ここに注意
2 設問の「一語に」に注意する。
(2)言われる→言わ＋れる（二語）
(3)おられ→おら＋れ（二語）
(4)お食べになっ→お食べ＋に＋なっ（三語）

16　文節の関係・動詞

Step A　解答　本冊▼76・77ページ

1 (1)容顔　(2)思ひは　(3)からすの
(4)火も　(5)惟喬の親王　(6)予も
(7)衣川は

2 (1)イ　(2)ウ　(3)ウ　(4)ア　(5)エ

3 (1)上二段活用　(2)四段活用
(3)下二段活用　(4)カ行変格活用
(5)ラ行変格活用　(6)上二段活用
(7)下二段活用　(8)四段活用
(9)ナ行変格活用　(10)下二段活用

4 (1)已然形　(2)未然形　(3)連用形
(4)終止形　(5)連体形

解説

1 (1)主語に続く助詞が省略されている。
(2)「熊谷が」の「が」は「発心」を修飾する格助詞。
(3)主格の「の」。
(5)「惟喬の親王」で一つの固有名詞。

2 (1)現代語の文法（口語文法）の類推から「まづ」の品詞を考える。副詞なので、基本的に用言を修飾する。
(2)「何とて」の意味「どうして」をまずは押さえる。
(4)「皆紅の」は「扇」を修飾する連体修飾語。
(5)「おきてて」＝「指図して」。「指図して」どうさせたかを考える。

4 (1)ラ行変格活用動詞は「ら」（未然形）・「り」（連用形）・「り」（終止形）・「る」（連体形）・「れ」（已然《いぜん》形）・「れ」（命令形）と活用する。文意が命令ではないので已然形となる。
(2)「負は」→「負ふ」（終止形）→「負は＋ず」から四段活用動詞・未然形とわかる。
(3)読点に連なり、下に文が続く場合、連用形。
(5)「ほど」は形式名詞。

ここに注意

3 動詞の活用の識別手順
①助動詞「ず」に接続させる。
②会ふ→会はず（活用語尾《ごび》がア段）→四段活用
③老ゆ→老いず（活用語尾がイ段）→上二段活用
④覚ゆ→覚えず（活用語尾がエ段）→下二段活用
そのほか、変格活用（カ変・サ変・ナ変・ラ変）の動詞や、上一段活用（着る、見る、似る、居《ゐ》る、射る、干る　など）、下一段活用（蹴る）は覚えること。

Step B　解答　本冊▼78・79ページ

1 (1)なりゆく　(2)光　(3)人
(4)人々は　(5)跡は　(6)紅葉の
(7)雨は　(8)法師　(9)響きくるも
(10)吹きおちたるに

2 (1)エ　(2)キ　(3)オ　(4)ウ　(5)ア
(6)イ　(7)ウ　(8)ア　(9)ア　(10)ウ

3 (1)カ　(2)ウ　(3)オ　(4)ア　(5)キ
(6)エ　(7)イ　(8)オ　(9)キ　(10)ウ

4 (1)ア　(2)キ　(3)イ　(4)オ　(5)イ
(6)ク　(7)カ　(8)ケ

5 (1)イ　(2)イ　(3)カ　(4)ア　(5)ウ
(6)カ　(7)エ　(8)オ

解説

1 (1)主語。こうして翁はだんだん豊かになっていった。
(2)述語。隙間《すきま》から見える火の光は、蛍（の光）より、いっそううっすらとしていて、趣《おもむき》がある。
(3)述語。変わらない住まいは（住む）人が代わっている。
(4)述語。人々は道に立ち並び、後ろ姿が見えるまではと見送っているようだ。
(5)述語。（藤原）三代の繁栄《はんえい》も一睡《いっすい》の夢のようにはかないものであり、表門の跡は一里ほど手前にある。
(6)述語。紅葉が、だんだん色づくほど、絵にかいたように、美しいのを、見渡して……。
(7)述語。秋がやってきた頃《ころ》の雨は、昨日と変わって、なんとなく寂しい。
(8)述語。仁和寺のある法師が、年をとるまで、石清水八幡宮《はちまんぐう》を拝んだことがなかったので、残念に思い、ある時、思い立って、たった一人で歩いて参拝した。

⑼主語。鐘の音がかすかに響いてくるのも、心が澄み渡《わた》るものだなあ。

⑽主語。風がしばらくの間吹き散ると、柳・蓮の葉などが葉の裏を白く見せているのも涼しい。

2 ⑶「終に」は副詞。基本的に用言を修飾する。
⑷「論なく」＝「言うまでもなく」。

⑸「おもしろう」＝形容詞「おもしろし」連用形・ウ音便。活用語の連用形は基本的に用言につながる。

⑻「見ぬ」＝「見たことがない」。

3 ⑴下に「高良など」とあるから、二つ並べた語となる。
⑵「かすかなる」＝形容動詞「かすかなり」連体形。活用語の連体形は体言につながる。

⑷主格の助詞の省略。「上人の感涙いたづらになりにけり」＝「上人の感涙は無駄《むだ》になった」。

⑹「動詞＋給ふ」において、「給ふ」は補助動詞のはたらきをし、上の動詞を尊敬語化する。「泣き給ふ」＝「お泣きになる」。

⑽「鳴きて」を修飾。

4 ⑺「吹きくれ」＝「吹き」＋「くれ（来れ）」→「吹きく（来）」（終止形）。カ行変格活用動詞「来」の複合語もカ行変格活用。

5 ⑶・⑹は文意から命令形と判断する。
⑷やや細かい問題。「れうぜ（凌ぜ）」→「れうず（凌ず）」（折檻《せっかん》する）。「凌」＋「す」（サ行変格活用）で「す」が濁音《だくおん》化。

⑺「降るる」→「降《お》る」（ラ行上二段活用）。「降《ふ》る」はラ行四段活用。「時」に続くので連体形。

ここに注意

1 ⑶・⑽主格の助詞の省略。
⑹・⑼主語を表す「の」。

17｜形容詞・形容動詞・音便形

Step A 解答　本冊▼80・81ページ

1 イ・カ・ス・ソ・チ（順不同）
2 イ・オ・ケ・サ・ス・ソ（順不同）
3 ①しから　②しく　③しかる　④しかれ　⑤なら　⑥に　⑦なる　⑧なれ　⑨と　⑩たれ
4 ①イ　②ウ　③エ
5 ⑴こよなう　⑵うつくしう

解説

1 ア感動詞、ウ動詞・連用形、エ「侍り」（動詞・連用形）＋「し」（助動詞）、オ形容動詞・連体形、キ動詞・連用形、ク「いひ」（動詞・連用形）＋「し」（助動詞）、ケ「掟て」（動詞・連用形）＋「て」（助動詞）、コ動詞・連用形、サ「切ら」（動詞・未然形）＋「せ」（助動詞）＋「し」（助動詞）、シ副詞、セ動詞・連体形、タ動詞・連用形、ツ副詞。

2 ア形容詞・連用形、ウ動詞・連用形、エ名詞、カ名詞、キ動詞・連体形、ク動詞・連体形、コ動詞・連体形、シ動詞・連用形＋助動詞・連体形、セ名詞、タ動詞・連用形。

4 本文**3**の活用表を参照のこと。
①下に「見せたる」と用言が続く場合、連用形。
③形容動詞「おほきやかなり」。名詞「雨」を修飾する連体修飾語となっている。

5 ⑴「こよなし」連用形・ウ音便。
⑵「うつくし」連用形・ウ音便。

Step B 解答　本冊▼82・83ページ

1 ⑴a・ウ　⑵c・ウ　⑶b・イ　⑷a・ア　⑸b・ウ
2 ①連体形　②連体形　③終止形　④連用形　⑤未然形　⑥連用形　⑦連用形　⑧連体形　⑨已然形　⑩連体形
3 ①連体形　②終止形　③連用形　④連用形　⑤連用形
4 ⑴遠けれ　⑵つれなく　⑶なけれ　⑷のどけき　⑸涼しく　⑹悲しけれ　⑺心なき　⑻寒けれ　⑼わびしけれ　⑽うらがなし
5 大きに・ナリ活用・連用形
けうらなる・ナリ活用・連体形
6 ⑴につくい　⑵見開い

解説

1 ⑵「あはれなる」（形容動詞・連体形）＋「めり」→「あはれなんめり」。
⑸「うれしかる」（形容詞・連体形）＋「なり」→「うれしかんなり」。この場合「ん」が省略され、「うれしかなり」となるのが一般《いっぱん》的。

3 ④タリ活用「朧々たり」連用形。

4 下に続く語に注意。

(1)・(8)「ば」に続くのは未然形または已然《いぜん》形。文意が「もし〜ならば」という仮定を表す場合は古文では未然形に接続し、それ以外は已然形接続となる。

(2)「見えし」と下に用言が続く場合は連用形。

(3)・(6)・(9)係助詞「こそ」を受けて已然形となる。

(4)・(7)名詞を修飾する連体修飾語となる場合は連体形。

(5)「て」に続くのは連用形。

(10)上の句と下の句が倒置《とうち》になっている。

(9)「らる」には「受け身・尊敬・自発・可能」の四つの意味があるが、自発は「(自然と)〜される」の訳にあてはまる。

18 助動詞・助詞・係り結び

Step A 解答

本冊▼84・85ページ

1 (1)ケ (2)ス (3)オ (4)キ (5)サ (6)シ (7)コ (8)ク (9)ア (10)セ

2 ア・ウ・エ・カ・ク・ケ・シ・ソ・チ（順不同）

3 (1)イ (2)ウ

4 (1)ウ (2)エ (3)ア (4)ア (5)イ

解説

1 (1)「べし」＝意志（〜よう）。

(4)「ごとし」＝比況（まるで〜のようだ）。

(6)「じ」＝打ち消し（否定の）推量（〜ないだろう）。

(7)「まほし」＝希望（〜たい）。

2 **イ**形容動詞、**オ**動詞、**キ**形容詞、**コ**助動詞、**サ**助動詞、**ス**副詞、**セ**動詞、**タ**動詞、**ツ**動詞。**コ**・**サ**について、「にき」「にけり」「にたり」の「に」は完了の助動詞「ぬ」の連用形であることを覚えておこう。

3 (1)水が散ったのこそ面白い。（主格）

ア河の流れが絶えることはないが、その水は元々の水ではない。（連体修飾格）名詞「流れ」を修飾。

イ月がとても明るい時に、川を渡ると……。（主格）

ウ五月を待つ橘《たちばな》の花の香をかぐと……。（連体修飾格）

エ竹取の翁という者がいた。（連体修飾格）

(2)軒近くの梅の枝に、うぐいすがきまって巳の刻くらいに集まって……。（連体修飾格）

ア縄を張られているのを西行が見て……。（主格）

イ髪の乱れた童盗人が物を取ろうとして入り立った……。（主格）

ウ月の光で妻が自分の影が映ったのを見て……。（連体修飾格）

エ私が出たのを見て……。（主格）

4 (1)・(4)「なむ」の結びは連体形。

(2)「こそ」は結びが已然形。已然形は活用語尾《ごび》が必ずエ段で終わる。

(3)「ぞ」の結びは連体形。

(5)「か」の結びは連体形。

ここに注意

1 (2)「ぬ」の識別

・今日、村へぞ行きぬ。（今日、村へ行った。）

・今日、村へ行かぬ。（今日、村へ行かない。）

完了の助動詞・終止形「ぬ」と打ち消し（否定）の助動詞「ず」の連体形「ぬ」に注意すること。意味が反対なので、口語訳をして判断する。

Step B 解答

本冊▼86・87ページ

1 (1)サ (2)ケ (3)キ (4)ク (5)カ (6)シ (7)ケ (8)ア (9)キ

2 (1)イ (2)エ (3)ウ (4)イ

3 (1)ウ (2)オ

4 ア

5 こそ

6 (1)エ (2)ア (3)ア (4)ア

解説

1 (1)断定「なり」と伝聞・推定「なり」の識別に注意。

(3)完了「ぬ」の已然《いぜん》形。

(6)希望「たし」の連体形。係助詞「ぞ」を受けて連体形になっている。

(8)受け身「らる」の連体形。

2 (1)問題と正答**イ**は比況（まるで〜のようだ）。**ア**・**ウ**・**エ**例示（〜のような）。

(2)問題と正答**エ**は可能。**ア**・**イ**受け身、**ウ**自発。

(3)問題と正答ウは打ち消し（否定の）推量。ア不可能（〜できそうもない）、イ・エ打ち消し（否定）意志（〜するまい）。
(4)問題と正答イは伝聞（〜そうだ）。ア推定（〜ようだ）、ウ・エ断定。

3 (1)京では見ることのない鳥だったので、皆（その鳥の）名を知らなかった。
　原因・理由を表す「ば」（〜ので）。
(2)悪人のまねだといってもし人を殺せば、つまり（その人は）悪人である。
　仮定条件を表す「ば」（もし〜ば）。
ア・イ・エ「〜すると」。
ウ風が吹いたので、出発できなかった。「え〜ず」＝〜することができない。
オもしこのようなことがあったならば、馬に乗るべきではない。

4 **ア**連体修飾格。名詞「寝殿」を修飾する。
イ・ウ・エ・オ主格。「〜が」という意味。

5 「にくけれ」に着目する。形容詞「にくし」の已然形。係り結びで、結びが已然形になるのは、「こそ」のみである。

6 (1)「こそ」の結びは已然形。已然形は活用語尾が必ずエ段で終わる。
(2)〜(4)「ぞ」「か」の結びは連体形。

ここに注意
2 (2)「る」が可能の意味となるのは否定形の場合が多い。
(4)「聞けば」とあるので、伝聞の意味となる。

19 まぎらわしい語の識別

Step A 解答

本冊▼88・89ページ

1 (1)エ　(2)ア　(3)エ　(4)エ　(5)イ
(6)ウ　(7)ア　(8)ア　(9)エ
2 (1)イ　(2)イ　(3)ア　(4)イ　(5)ア
3 (1)B　(2)A　(3)A　(4)B　(5)A
(6)A　(7)A　(8)B　(9)B　(10)A
4 (1)ける　(2)見ゆれ　(3)たれ
(4)なる
5 (1)ウ　(2)ア　(3)ア　(4)イ　(5)イ

解説

1 (1)上一段活用「ゐる」の連用形。
(3)カ行変格活用「来」の連用形。
(4)ナ行変格活用「往ぬ」の終止形。
(9)サ行変格活用「す」の連体形。

2 已然形は活用語尾がエ段で終わる。
(1)波が静かだったので舟を出した。
(2)風が吹いたので花びらが落ちた。
(3)もし手紙を送れば、返事があるだろう。
(4)米のたぐいを食べなかったので、人に見せるべきではないと言って……。
(5)もし東から春風が吹く季節になれば、香りを送りよこしなさい、梅の花よ。主人がいないからといって、春を忘れるな。

3 「なる」を接続させて識別する。

4 連体形→活用語尾がウ段で終わるものがほとんど。已然形→活用語尾がエ段で終わる。
(2)「見ゆ」はヤ行下二段活用。「え・え・ゆ・ゆる・ゆれ・えよ」と活用する。

5 (1)「軽らかに」→「軽らかなり」。
(2)・(3)活用なし。
(4)「はやく」→「はやし（早し）」。
(5)「たやすく」→「たやすし」。

ここに注意
1 (9)係助詞「ぞ」の結びでサ行変格活用動詞「す」が連体形になっていることを確認すること。

Step B 解答

本冊▼90・91ページ

1 (1)エ　(2)ⓓ　(3)ア　(4)連体形
(5)僧　(6)打ち消し（否定）　(7)児
2 (1)シク活用　(2)已然形・見ると
(3)オ　(4)エ　(5)イ・オ
3 (1)イ　(2)ウ　(3)ア

解説

1 (1)——線部①・エ接続助詞、ア・イ・ウ格助詞、イ口語では「わが」で一語の連体詞だが、文語では「わ」（名詞）＋「が」（助詞）。
(2)——線部②主格の「の」。ⓓ連体修飾格の「の」。「麦」が「花」を修飾。
(3)——線部③・ア疑問、イ詠嘆《えいたん》（〜だなあ）、ウ反語（〜か、いや〜でない）、エ終助詞「かな」（詠嘆・感動）の一部。
(4)直前の係助詞「ぞ」を受け、連体形。

現代語訳

これも今となっては昔のことだが、田舎の稚児《ちご》が比叡山《ひえいざん》に登ったが、桜が美しく咲いていたところ、風が激しく吹くのを見て、この稚児がさめざめと泣くのを（僧が）見て、僧はそっと寄って、「どうしてこのようにお泣きになるのか。この花が散るのを惜しくお思いになるのか。桜ははかないもので、このようにすぐに散ってしまうものです。しかしそのようなものなのでございます」と（僧は）慰めたけれど、（稚児は）「桜が散るだろうことはしいてどういうことがありましょう、苦しくありません。私の父が作っている麦の花が散って実がならないだろうことを思うことが悲しいのです」と言ってしゃくり上げておいおいと泣いたので、なんとまあ、がっかりさせられる話である。

2 (1)「なる」を続けて判断する。「賤しくなる」。
(2)口語訳の違《ちが》いで判断する。「未然形＋ば」→「もし～ならば」、「已然形＋ば」→①「～ので・から」、②「～（する）と」。本文では②の意味。
(3)助動詞「ぬ」→①打ち消し（否定）「ず」の連体形「ぬ」（～ない）、②完了「ぬ」の終止形（～した）。意味の違いを前後の文脈で判断する。
(4)係助詞「こそ」を受けているので、已然形。
(5)――線部④・**イ**・**オ**副詞、**ア**連体詞、**ウ**形容動詞・連体形、**エ**動詞・連体形。副詞は原則連用修飾語となる。**イ**・**オ**以外は名詞を修飾していることに注目する。

現代語訳

近年帰朝した（日本に帰って来た）僧の説だといって、ある人が語ったことには、唐に貧しい夫婦がいた。餅を売って暮らしを立てていた。夫は、道のほとりで餅を売っていたが、人が袋を落としたのを取って見ると、銀の軟挺が六つあった。家に持ち帰った。妻は、心が素直《すなお》で欲のない者で、「私たちは商売をして過ごしているので困ることはありません。この持ち主は、どんなにか嘆いて（このお金を）探していることでしょう。かわいそうなことです。持ち主を尋ねてお返しなさい。」と言うので、（夫は）「本当に。」と言って、広くふれ回ると、持ち主という者が出てきて、これ（落とした銀貨）を得て、あまりにうれしくて、「三つ差し上げましょう。」と言って、今にも分けようとしたとき、思い返して、ひと悶着《もんちゃく》起こそうとして、「七つあったのに、六つしかないのはおかしい。一つ隠《かく》しているのではないか。」と言う。（夫は）「そんなことはありません、もとから六つでした。」と言い争っているうちに、とうとう国の守のところで判断してもらうことになった。国の守は、目が確かで、この持ち主は不誠実で、この男（夫）は正直者だと見たが、やはり不審であったので（夫の）妻を呼んで別のところで事の詳細《しょうさい》を尋ねると、夫が言うことと少しも違わない。

3 (1)――線部①・**イ**「～にもかかわらず」の意。**ア**・**ウ**・**エ**「～しながら」「～までで」の意。
ア立ったままでこちらにお入りください。
イいらっしゃるにもかかわらず素早《すばや》くはお渡りにならなかった。
ウ胸もふさがったままで御舟にお乗りになった。
エ食べながら手紙も読んだ。
(2)――線部②・**ウ**副詞。――線部②は「来たりて」を修飾。「再び」の意。**ア**・**イ**・**エ**接続詞。**ア**「そして」の意。**イ**「あるいは」の意。**エ**「その上に」の意。
(3)――線部③・**ア**打ち消し（否定）の助動詞「ず」の連体形「ぬ」（～ない）。**イ**～**エ**完了の助動詞「ぬ」の終止形（～した）。

現代語訳

平宣時朝臣が、年老いたのちに昔話で語ったことには、「最明寺入道が、ある晩の間に（私を）招いたことがあったが、『すぐに』と申したにもかかわらず、直垂がなくて、あれこれとしているうちに、また使いの者がやって来て、『直垂がございませんのか。夜になったので、変な格好であっても早く』と言うので、よれよれの直垂で普段《ふだん》の格好のままで参上したところ、銚子に土器を取り添えて（入道が）出てきて、『この酒をひとりで飲むのが物足りなくてお呼びしたのです。肴《さかな》はありません。ほかの人は寝静まった頃《ころ》でしょう』。」

Step C ① 解答

本冊▼92・93ページ

1 く
2 (1)知らん　(2)あり・悟ら・ある
3 すす・め・め・む・むる・むれ・めよ
4 ①ウ　②イ　③亀

5 (1)ウ (2)例海へさっと散ってしまったよ。

6 (1)①未然（形） ②連体（形） ③連体（形） ④連用（形） (2)エ

解説

1 形容詞ウ音便は、連用形の活用語尾「く（しく）」で起こる。

2 (1)「む（ん）」は意志の助動詞。
(2)「心得たがひ」＝「思い違《ちが》い」は名詞。

4 **現代語訳**（一部）
今となっては昔のことだが、貫之が土佐守となって、（任地に）下っているうちに、任期が終わる年に、七、八歳《さい》ほどで、言いようがないほどかわいらしい子を、とてもかわいがっていたが、（その子が）突然《とつぜん》病気になって死んでしまったので、（貫之は）泣き狂《ぐる》い、病に伏《ふ》せるほど思い悩《なや》んでいた……。

現代語訳
そして、浦島は鶴になって、空に飛び上がった。そもそも、この浦島の年を亀がお礼の気持ちとして、箱の中に入れたのだった。だからこそ七百年の歳《とし》を保った。

5 (1)「あやまたず扇の要ぎは（際）一寸ばかり射て」＝「誤ることなく扇の要の端《はし》を一寸ほど射って」。

6 (1)①「ず」は未然形に接続する。
②「ほど」は形式名詞。「過ぐ」（ガ行上二段活用）の連体形「過ぐる」。
③係助詞「ぞ」の結びであるから連体形。
④「着く」の連用形「着き」のイ音便。
(2)「なく」は形容詞「なし」の連用形。ア助動詞、イ動詞、ウ助動詞。

Step C② 解答

本冊▼94・95ページ

1 (1)ウ (2)エ (3)イ (4)ア

2 エ

3 (1)ア (2)ア

4 ①いやしき ②老い ③愛で ④取ら ⑤する ⑥し ⑦覚え ⑧ゆたかに

5 (1)①あり・ク ②いみじ・サ ③久し・サ ④なし・コ ⑤出で来・カ ⑥惜しむ・ア ⑦不思議なり・シ ⑧見る・イ
(2)ⓐ尊敬語 ⓑ丁寧語

解説

1 (1)係助詞「ぞ」の結びは連体形。連体形の活用語尾《ごび》はウ段で終わるものがほとんど。
(2)係助詞「こそ」の結びは已然《いぜん》形。已然形の活用語尾はエ段で終わる。
(3)中学生としてはかなり細かい知識が必要。「か」の結びは連体形となるので、ア「ける」、イ「けむ」が候補になる。問題文の口語訳を見ると「なにかわけがあったのでしょうか。」と過去推量であるので、過去の推量を意味する助動詞「けむ」を選択《せんたく》する。逆に(4)は口語訳から過去の助動詞「けり」の連体形「ける」を選択する。係助詞「なむ」があるので結びは連体形となる。

2 アは係助詞「こそ」の結びが省略されている。

3 (1)連体格の「の」を探す。
(2)「ちごの〜塵のありけるを〜見せたる」が文章構成。「ちごの」の「の」は主格を表す助詞。

現代語訳（一部）
二、三歳《さい》くらいの子どもが、急いではってくる通り道に、とても小さい塵があったのを、目ざとく見つけて、とても小さな指でつまんで、（その塵を）大人などに見せるのは、とてもかわいらしい。

4 ①名詞「男」を修飾《しゅうしょく》しているので、連体形。
②完了の助動詞「たり」は連用形接続。
③下に形容詞「ほしかり」が続いていることに着目。用言が続く場合は連用形（用言に連なる形）。
④助動詞「む（ん）」は未然形接続。
⑤助詞「に」は連体形接続。
⑥助動詞「けり」は連用形接続。
⑦助詞「て」は連用形接続。
⑧下に「なり」と動詞が続いているので、連用形になる。

5 (1)①「あり」はラ行変格活用動詞で、連用形と終止形は同形である。
⑤「出で来」＝「出づ」＋「来」→カ行変格活用。

総合実力テスト 第1回

本冊▼96・97ページ

解答

1 (1)いたす (2)いただいた (3)おっしゃった（言われた） (4)うかがい（参り・参上し）

2 (1)ⓐア ⓑカ ⓒエ ⓓケ ⓔオ
(2)①上一段活用・終止形 ②カ行変格活用・終止形 ③サ行変格活用・連体形 ④五段活用・仮定形 ⑤下一段活用・未然形 ⑥下一段活用・連用形

3 (1)エ (2)ア

4 (1)申し（申し上げ） (2)①行ける ②行か (3)思ったからだ

5 (1)ウ (2)イ (3)ウ (4)ウ (5)エ

解説

1 (1)「なさる」は「する」の尊敬語。
(2)「差し上げる」は「与《あた》える」の謙譲語。その尊敬語は「いただく」。時制に注意すること。
(3)「申す」は「言う」の謙譲語。その尊敬語は「おっしゃる」。
(4)「いらっしゃる」は「行く・来る・いる」の尊敬語。文意により「行く」の謙譲語「うかがう」を使う。

2 (1)ⓐ動詞「見晴らす」から生じた転生名詞。ⓓ否定（打ち消し）の助動詞「ない」。
(2)③サ変活用の複合動詞「競争」＋「する」。⑤「られる」は上一段・下一段・カ変・サ変動詞の未然形などにつく。

3 (1)問題と正答エは限定。ア物事の直後であることを表す、イ程度、ウ今にもしそうになる状態。
(2)問題と正答アは格助詞・引用を表す。イ格助詞・比較《ひかく》の基準、ウ格助詞・相手を表す、エ接続助詞。

4 (1)「言う」の謙譲語は「申す」（「申し上げる」）。
(2)①可能動詞で一語。②「行か」（四段活用動詞「行く」の未然形）＋「れる」（可能の助動詞「れる」の終止形）。
(3)理由を表す形にするため、格助詞「から」を使う。

5 (1)問題と正答ウは断定の助動詞「だ」の連用形。ア格助詞・原因、イ格助詞・数量、エ格助詞・手段を表す。
(2)問題と正答イは伝聞の助動詞「そうだ」の終止形。ア・ウ・エは推定・様態の助動詞「そうだ」。
(3)問題と正答ウは格助詞・比較の基準。ア副詞（形容動詞「具体的に」を修飾している）、イ格助詞・起点、エ格助詞・限定を表す。
(4)問題と正答ウは格助詞・連体修飾語を表す。ア・イ・エは格助詞・主語を表す。
(5)問題と正答エは受け身の助動詞。ア尊敬、イ可能、ウ自発の助動詞。

総合実力テスト 第2回

本冊▼98・99ページ

解答

1 ウ

2 ア

3

私（名詞）	も（助詞）	たまに（副詞）	むかし（名詞）	の（助詞）
学生（名詞）	や（助詞）	職場（名詞）	の（助詞）	同僚（名詞）
から（助詞）	披露宴（名詞）	に（助詞）	招か（動詞）	れ（助動詞）
たり（助詞）	し（動詞）	ます。（助動詞）		

4 (1)イ (2)イ (3)ウ (4)イ

5 (1)イ (2)ア (3)エ (4)エ

解説

1 ア「起き」上一段活用・連用形、イ「来」カ行変格活用・連用形、エ「し」サ行変格活用・連用形。

2 主格（貧しい子が夢に見たのは、亡《な》き父が来て、もの悲しい様子で言うことには、……）。イ連体修飾格（名詞「もと」を修飾）、ウ口語のように「我が」で一語ではなく、「我」（代名詞）＋「が」（連体修飾格の格助詞）、エ連体修飾格（名詞「嘆き」を修飾）。

3 文を単語ごとに区切って判断する。「たまに」は一つの副詞であり、「たま｜に」と区切らないよう注意する。

4 (1)問題と正答イは尊敬の助動詞。ア受け身、ウ自発、エ可能の助動詞。
(2)問題と正答イは比喩《ひゆ》(まるで~のようだ)の助動詞。ア意志の助動詞「よう」+助詞「に」、ウ例示の助動詞、エ推定の助動詞。
(3)問題と正答ウは派生形容詞の一部。ア・イ・エは推定の助動詞「らしい」。
(4)問題と正答イは否定(打ち消し)の助動詞「ない」。ア形容詞「さりげない」の一部、ウは補助形容詞、エ形容詞。

5 (1)問題と正答イは格助詞・手段。ア接続助詞「て」の濁音《だくおん》化、ウ格助詞・動作の行われる状態、エ断定の助動詞「だ」の連用形。
(2)問題と正答アは副助詞・比較する基準を表す。イ数量を表す語について、おおよその程度を表す。ウ「~するにつれてますます」の意、エ名詞・「許される限度」を意味する。
(3)問題と正答エは副助詞・限度。ア副助詞・極端な例からほかを類推させる、イ副助詞・程度、ウ副助詞・「必要もない」の意。
(4)問題と正答エは格助詞・主語。アは格助詞・連体修飾語、イは格助詞・体言に準ずるはたらき、ウは終助詞・疑問や質問。

総合実力テスト 第3回

本冊▼100・101ページ

解答

1 (1)ウ
(2)イ
(3)①例どうぞ上着をお召しになったままお入りください。
②例先生がその絵をご覧になったのをご存じですか。
(4)十九

解説

1 (1)ア・イ・エは否定(打ち消し)の助動詞「ない」。「ぬ」に置き換《か》えられる。ウのみ形容詞。形容詞の「ない」は「存在しない」の意を示す。
(2)擬音語とは、実際に聞こえる音を文字で表現したもの。擬態語とは、物や人の状態などの聞こえない音を文字で表現したもの。「ジロリ」は実際には聞こえない動きの様子を表しているので、擬態語である。
(4)私たち｜人間｜は、｜よっ｜て｜立つ｜ところ｜の｜母国語｜が｜なけれ｜ば、｜文化｜を｜つむぎ｜出せ｜ない｜の｜です。

ここに注意

1 (1)直前に「は」「も」を入れることができるのは形式(補助)形容詞(例 忙しくない→忙しくはない)。

総合実力テスト 第4回

本冊▼102~104ページ

解答

1 (1)A促す(2字) B先ず(2字)
(A・Bはひらがな可)
C制止(2字) D異状のない(5字)
(2)Ⅰ感動詞 Ⅱ副詞
(3)①・④
(4)エ
(5)aウ bア cイ dエ eオ

2 (1)①(梅の木の)主 ②(大井の)土民
④狐
(2)ざり (3)エ

3 (1)エ (2)ウ (3)エ (4)イ (5)ウ

4 A・イ

解説

1 (1)A相手を落ち着かせようとする行為《こうい》なので、「ある行為をする気になるように勧《すす》める」動作の「促す(うながす)」が入る。Bこの場合の「まあ」は「先にする」の意なので「先ず(まず)」が入る。C相手が今している行為をいったん止めるときに使う「まあ」なので「制止」の意味を持つ。Dとりたてて特別なことがないというときの「まあ」である。AとCについては第四段落で「促す」「制止」という言葉が使われていることに注目する。
(2)Ⅱ動詞を制止するニュアンスを持つので副詞的用法と考えることができる。

(3)①・④は受け身の助動詞。②は動詞「まぬがれる」の一部、③は可能の助動詞「られる」の一部。
(4)**エ**は副詞、ほかは形容動詞。
(5)a・b・cはそれぞれ二行前の「実際以上の～抑制するか……」にそれぞれ対応している。
dは直前に「日本人は」とあることに注目し、aの一行あとの「だが、実際～えらぶのである。」の記述をおさえる。これよりdの答えは**エ**だとわかる。
eは「まあまあ」という言葉に着目すると、中略の直前の段落に制止の意味で用いられる「まあまあ」について述べられている。このことからeの答えは**オ**だとわかる。

2 (2)「ぬ」は否定（打ち消し）の助動詞「ず」の連体形。「～ない」という意味から判断する。「ざり」は「ず」の連用形。
(3)係助詞「こそ」の結びは已然《いぜん》形。已然形は活用語尾《ごび》がエ段で終わるのが原則。

○現代語訳○

A ある日、山里を歩くと、梅園があった。梅の花は今が盛りで趣《おもむき》深く咲いていたので、梅の木の持ち主を訪ねて、その木を買おうとした。（持ち主は）強く拒《こば》んだけれど、高値で買うことを希望したので、やむを得ずに（売ることを）約束した。

B 亀山殿のお池に、大井川の水をお引きになろうとして、大井の土民にお命じになって、水車をお造らせになった。大金をお与《あた》えになって、（土民たちは）数日かかって（水車を）こしらえ上げ、設置したが、まったく廻《めぐ》らなかったので、あれこれと直してみたが、ついに廻らずに、使い物にならずに無意味に立っていた。

C ある時、狐が餌《えさ》を求められずに、あちらこちらをさまよっていたところ、カラスが肉をくわえて木の上にとまっていた。狐はこの肉を奪《うば》いたいと思って、カラスがとまっていた木の下に立ち寄り、「なんとまあ、あなた様は多くの鳥の中でも素晴《すば》らしく美しくお見えでいらっしゃいます。そうはいっても、少し物足りなくいらっしゃることとしては、お声が鼻声であることです。ただし、最近世間の人が申すには、お声もことのほかよく響《ひび》きわたっていらっしゃると申しております。ああ、一声聞いてみたいです」と申したので、カラスはこのことを真実だと思って、「それならば声を出そう」と言って口を大きくあけている間に、とうとう肉を落としてしまった。狐はこれを取って逃げ去った。

3 (1)すべて副詞だが、「けっして」のみ下の受ける文節に決まった言い方を要求する呼応の副詞。
(2)**ウ**は連体詞。ほかは名詞（代名詞）。
(3)**エ**は連体詞。ほかは形容動詞・連体形。
(4)**イ**は上一段活用。ほかは五段活用。
(5)**ウ**は自動詞。ほかは他動詞。

4 B～Eは場所を表す格助詞「に」。